Wirtschaft

Schamanen-rassel (Indianer im Nordwesten der USA)

Ein Schekel Perlgraupen

Diamanten

Wappen der Zinngießer-Zunft (New York, USA)

SOLID AND PURE

Papiergeld aus China (14. Jh.)

Warenkorb

DEBIT CARD

4444 8888 5555 0000
4539 MONTH/YEAR
VALID FROM 05/06 EXPIRES END ▶ 08/09
NR

5555 0000
MONTH/YEAR
VALID FROM 05/06 EXPIRES END ▶ 05/09
NR
DEBIT CARD

Bankkarten

Vulkane	Das alte Rom	Hunde	Wasser	Flugmaschinen	Große Musiker
37	38	39	40	41	42
Pferde	Kriminalistik	Säugetiere	Wetter	Fossilien	Pflanzen
43	44	45	46	47	48
Wikinger	Evolution				
49	50				

Alphabetische Reihenfolge der Bände auf der letzten Seite

Bunte Perlen als
Zahlungsmittel

80 indische Rupien,
1 britisches Pfund

Wirtschaft

Text von
Johnny Acton
und
David Goldblatt

Bulle und Bär

DORLING KINDERSLEY

Das Familien-
wappen der
Medici

Weizenähren

iPod

DK

DORLING KINDERSLEY
London, New York, Melbourne, München und Delhi

DK London
Fachliche Beratung Prof. Sean Masaki Flynn
Cheflektorat Julie Ferris, Jane Yorke
Lektorat Rob Houston
Redaktionsassistenz Jessamy Wood
Herstellung Melissa Latorre, Charlotte Oliver
Chefbildlektorat Owen Peyton Jones
Art Director Martin Wilson
Programmleitung Andrew Macintyre
Anhang Q2AMedia
Bildrecherche Louise Thomas

DK Delhi
Redaktion Alka Ranjan, Ankush Saikia
Gestaltung Mitun Banerjee, Govind Mittal
DTP-Design Dheeraj Arora, Preetam Singh
Projektbetreuung Suchismita Banerjee
Gestaltung Romi Chakraborty
Herstellung Pankaj Sharma
Herstellungsleitung Aparna Sharma
Umschlaggestaltung Smiljka Surla

Für die deutsche Ausgabe:
Programmleitung Monika Schlitzer
Projektbetreuung Martina Glöde, Janna Heimberg
Herstellungsleitung Dorothee Whittaker
Herstellung Anna Ponton

Bibliografische Information Der Deutschen Bibliothek
Die Deutsche Bibliothek verzeichnet diese Publikation in der
Deutschen Nationalbibliografie; detaillierte bibliografische Daten
sind im Internet über http://dnb.ddb.de abrufbar.

Titel der englischen Originalausgabe:
Eyewitness Economy

© Dorling Kindersley Limited, London, 2010
Ein Unternehmen der Penguin-Gruppe

© der deutschsprachigen Ausgabe by
Dorling Kindersley Verlag GmbH, München, 2011
Alle deutschsprachigen Rechte vorbehalten

Übersetzung Birgit Reit
Lektorat Regine Gerst
Satz Roman Bold & Black

ISBN 978-3-8310-1915-1

Colour reproduction by Colourscan, Singapore
Printed and bound in China by Toppan

Besuchen Sie uns im Internet
www.dorlingkindersley.de

Russische Matroschkas

Nüsse und Beeren

Marktstand
mit Obst

Zapfpistole

Inhalt

Chinesische
Münzen

Was ist Wirtschaft?	6
Wirtschaftliche Ziele	8
Wer bestimmt?	10
Entscheidungen	12
Eigentum	14
Arbeitsteilung	16
Handel	18
Geld wird erfunden	20
Märkte und Preise	22
Banken	24
Sparen und investieren	26
Währung und Wechselkurs	28
Unternehmen	30
Arbeitskräfte	32
Aktien und Anleihen	34
Spekulation	36
Hochs und Tiefs	38
Kreditkrise	40
Aufgaben der Regierung	42
Wirtschaftsleistung	44
Steuern	46
Inflation	48
Schattenwirtschaft	50
Arbeitslosigkeit	52
Globalisierung	54
Reich und Arm	56
Entwicklungshilfe	58
Herausforderungen	60
Du gehörst dazu	62
Die Welt in Zahlen	64
Chronik	66
Glossar	68
Besuche doch mal …	71
Register	72

GELD IST NICHT ALLES
Viele meinen, in der Wirtschaft drehe sich alles nur ums Geld, aber Geld an sich ist zu nichts zu gebrauchen. Es ist nur ein vergängliches Symbol für einen bestimmten Wert, der darin besteht, dass man das Geld gegen Dinge tauschen kann, die man braucht oder sich wünscht.

Was ist Wirtschaft?

Angenommen, jemand hat pro Monat 1000 Euro zur Verfügung. Davon muss er Nahrung, Miete, Strom und Wasser bezahlen, neue Schuhe kaufen und den Computer reparieren lassen. Zu viele Bedürfnisse und zu wenig Geld? Genau darum geht es in der Wirtschaft: Mit begrenzten Mitteln sollen möglichst viele Bedürfnisse erfüllt werden. „Ökonomie", der Fachausdruck für Wirtschaft, stammt aus dem Griechischen und bedeutet „Verwalten eines Haushalts". Heute wird der Begriff aber für die Wirtschaft eines Landes oder sogar der ganzen Welt verwendet. Die Wirtschaft in einer Region wird von den Entscheidungen der Menschen bestimmt, die innerhalb ihrer begrenzten Mittel wählen, was sie herstellen, kaufen und ausgeben wollen. Die Ökonomie erforscht, wie wir solche Entscheidungen treffen und welche Folgen sie haben.

WIE GEHÖRE ICH DAZU?
Jeder Mensch ist Teil der Wirtschaft. Wer etwas kauft, verkauft oder tauscht, trägt einen kleinen Teil zur Wirtschaft bei. Jeder einzelne Download eines Musiktitels ist Teil der milliardenschweren Musikindustrie.

Liste des Viehbestands

BUCHFÜHRUNG
Diese 5500 Jahre alte Tontafel aus Mesopotamien enthält die Aufstellung einer Zählung von Schafen und Ziegen. Die Mesopotamier entwickelten als erstes Volk ein System zur Aufzeichnung aller Güter, die hergestellt, gehandelt und gelagert wurden. Zu diesem Zweck erfanden sie die Schrift.

Containerschiff im Hafen von Istanbul (Türkei)

PRODUKTION

Die Herstellung von Waren macht rund ein Drittel des Gesamtwerts der weltweiten Wirtschaftsaktivitäten aus. In vielen Wirtschaftszweigen ist der Herstellungsprozess in lauter einzelne Schritte aufgeteilt, für die man ganz spezielle Fähigkeiten braucht. Dieser Arbeiter bei einem Autohersteller baut immer dasselbe Teil des Motors zusammen.

LANDWIRTSCHAFT

Früher war die Landwirtschaft fast überall der wichtigste Wirtschaftssektor, heute macht sie nur noch 4 % der weltweiten Wirtschaftsleistung aus. In manchen Ländern ist es aber noch so wie früher: In der Republik Guinea-Bissau sind z. B. Cashewnüsse weiterhin die wichtigste Einnahmequelle.

Cashewnuss

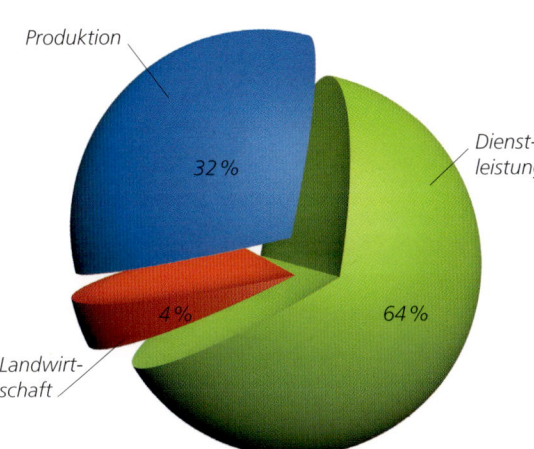

Produktion

32 %

Dienstleistungen

64 %

4 %

Landwirtschaft

WIRTSCHAFTSSEKTOREN

Volkswirtschaften lassen sich in drei große Bereiche unterteilen: Landwirtschaft, Produktion und Dienstleistungen. Ihre Bedeutung ist in den einzelnen Ländern sehr unterschiedlich, aber generell nimmt die Bedeutung der Landwirtschaft meist ab, je entwickelter und wohlhabender ein Land wird, während gleichzeitig die Bedeutung der Dienstleistungen steigt. Dieses Tortendiagramm zeigt den Anteil der drei Sektoren an der Weltwirtschaft.

Ein Führer zeigt Touristen die Sehenswürdigkeiten in Ägypten.

DIENSTLEISTUNGEN

In der Wirtschaft werden nicht nur Dinge produziert. Auch Dienstleistungen sind sehr wichtig. Dazu gehören u. a. das Bankwesen, die medizinische Versorgung, die Bildung und der Tourismus. Ein Fremdenführer bietet kein Produkt im eigentlichen Sinn an, sondern er wird von Besuchern dafür bezahlt, ihnen die Sehenswürdigkeiten seines Landes zu zeigen, die er sehr gut kennt. Weltweit betrachtet ist der Dienstleistungsbereich der größte Wirtschaftssektor.

GLOBALER HANDEL

Die modernen Transport- und Kommunikationsformen haben eine echte globale Wirtschaft hervorgebracht. Die Menschen versenden riesige Mengen an Waren rund um die Welt. Güter wie Öl und Kohle werden als Massenfracht verschickt, die meisten anderen werden in Container verpackt. Der Handel ist so eng vernetzt und vereinheitlicht, dass 90 % aller Waren mit Containern in nur einer Normgröße verfrachtet werden können, die auf Schiffe, Züge und Lastwagen passen.

Container in Normgröße

Container werden von Kränen auf Schiffe geladen.

Wirtschaftliche Ziele

Menschen treffen persönliche Entscheidungen, zum Beispiel welchen Beruf sie ergreifen oder wie viel sie für ein neues Auto ausgeben wollen. Die Entscheidungen der Regierung betreffen dagegen die ganze Gesellschaft, zum Beispiel ob Reiche mehr Steuern zahlen sollen als Arme und wie viel Geld für neue Straßen und Brücken aufgewendet wird. Manche wirtschaftlichen Entscheidungen beeinflussen den Zustand der Erde als Ganzes, andere nur bestimmte Gebiete. Einige Regierungen fördern hauptsächlich den Wohlstand ihres Landes, andere wollen ihn möglichst gleichmäßig unter der Bevölkerung verteilen, wieder andere bieten ihren Bürgern grundlegende Dienste kostenlos an. Sie alle müssen jedoch vor ihren wirtschaftlichen Entscheidungen die kurz- und langfristigen Gewinne abwägen.

SINNBILD DES WOHLSTANDS
Das Luxushotel Burj Al Arab in Dubai (Vereinigte Arabische Emirate, VAE) wurde von Superreichen für Superreiche entworfen und gebaut. In den VAE besitzen die reichsten 0,2 % der Bevölkerung 90 % der Vermögenswerte. Einige wenige Unternehmer und Geschäftsleute häufen also riesige private Vermögen an, während der Rest der Gesellschaft davon kaum profitiert.

WAS KANN ICH UND WAS IST MIR WICHTIG?
Wirtschaftliche Entscheidungen richten sich nicht nur nach Vorlieben, sondern v. a. nach den Umständen: Bin ich gesund, muss ich eine Familie ernähren usw.? Außerdem hängen die Entscheidungen vom wirtschaftlichen Umfeld ab. Die Menschen im Irak leben in großer Unsicherheit und können keine langfristigen Pläne machen. Vermutlich haben sie sich eine Satellitenantenne geleistet, um die Nachrichten empfangen zu können, obwohl eigentlich ihr Haus dringend repariert werden müsste.

DER PREIS DES REICHTUMS
Reich zu werden ist für viele Menschen ein sehr reizvolles Ziel, aber dafür muss man meist sehr viel arbeiten, hat kaum Freizeit und wenig Kontakt zu Familie und Freunden. Wer auf all das verzichtet, muss davon überzeugt sein, dass das Ziel die Opfer wert ist.

GLEICHER VERDIENST

In Schweden ist der Unterschied zwischen hohen und niedrigen Einkommen geringer als in anderen Ländern, weil die Regierung von den Reichen mehr Steuern einzieht als von den Armen. So haben alle Einwohner einen relativ hohen Lebensstandard und fühlen sich gleichberechtigt und zusammengehörig. Dennoch sind nicht alle glücklich. Manche Bürger zahlen nicht gern so hohe Steuern, nur damit die Regierung bedürftige Menschen unterstützen kann.

GESUNDHEIT FÜR ALLE

Regierungen verfolgen oft eine sehr unterschiedliche Wirtschaftspolitik. Länder wie z. B. Brasilien, Großbritannien, Kanada und Japan haben für alle Bürger eine kostenlose medizinische Versorgung eingerichtet. Die Dienste werden aus Steuergeldern bezahlt. In anderen Ländern müssen die Menschen selbst vorsorgen und eine private Krankenversicherung abschließen.

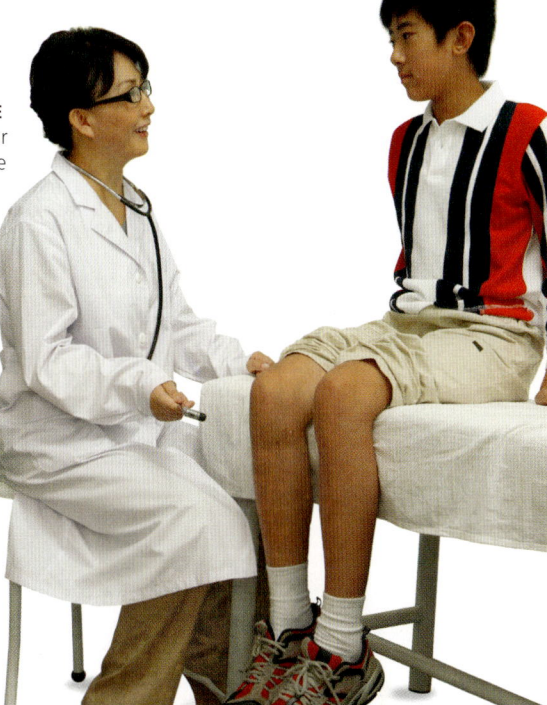

ALLE MENSCHEN SIND GLEICH

Manche Regierungen verfolgen das wirtschaftliche Ziel, dass alle Bürger möglichst gleich viel besitzen. In China mussten die Menschen eine Zeit lang sogar alle dieselbe Kleidung tragen. Dadurch wird den Menschen jedoch der Anreiz genommen, neue Ideen zu entwickeln, weil es keine Vorteile bringt. Das ist ein großer Nachteil. Außerdem geraten die Mächtigen oft in Versuchung, sich selbst mehr Wohlstand zu genehmigen als der übrigen Bevölkerung. Der Vorteil des Systems liegt v. a. darin, dass alle Menschen gleichermaßen eine Wohnung, Bildung und medizinische Versorgung erhalten.

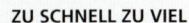

ZU SCHNELL ZU VIEL

Manchmal konzentriert sich die Wirtschaft auf kurzfristige Gewinne, ohne an die langfristigen Folgen zu denken. Die Bewohner der Pazifikinsel Nauru wurden durch den Abbau von Phosphaten, die den wichtigsten Rohstoff der Insel bildeten, schnell reich, aber im Nachhinein bezahlen sie dafür nun einen sehr hohen Preis. Nachdem die Vorräte ausgebeutet waren, blieb nur rund ein halber Hektar landwirtschaftliche Nutzfläche übrig, sodass nun die gesamte Nahrung importiert werden muss. Einige Leute betrachten dies als Warnung, weil es uns zeigt, was mit der ganzen Erde passieren könnte, wenn wir nicht sorgfältig mit unseren Rohstoffen haushalten.

Wer bestimmt?

ADAM SMITH
Er veröffentlichte 1776 eines der ersten und einflussreichsten Bücher über Wirtschaft: *Der Wohlstand der Nationen – Eine Untersuchung seiner Natur und seiner Ursachen*. Darin erklärt er die Funktionsweise des freien Marktes mit der „unsichtbaren Hand".

Wie eine Volkswirtschaft funktioniert, hängt davon ab, wer die Entscheidungen trifft. In einer Planwirtschaft wird alles von der Regierung geplant: von der Art der Güter und Dienstleistungen, die produziert und angeboten werden, bis hin zu ihrer Verteilung. In einer freien Marktwirtschaft gibt es dagegen keine solchen Vorgaben von einer zentralen Stelle. Die einzelnen Personen und Unternehmen können selbst entscheiden. Manchmal funktioniert das recht gut, doch Probleme treten immer dann auf, wenn es zu wenige Käufer oder Verkäufer gibt. Würde ein Gut wie Wasser, das alle brauchen, nur von einer Firma angeboten, könnte sie sehr hohe Preise verlangen. Gäbe es dagegen sehr wenige Käufer für Bananen, müssten die Verkäufer ihre Preise sehr stark senken. Aus diesem Grund haben die meisten Länder eine gemischte Wirtschaftsform, bei der die Unternehmen ihre Angelegenheiten zwar selbst regeln dürfen, die Aktivitäten insgesamt aber von der Regierung reguliert werden.

Die hängenden Teppiche locken Kunden an.

DIE UNSICHTBARE HAND
Laut Adam Smith wird die freie Marktwirtschaft von einer „unsichtbaren Hand" geleitet, die die Bedürfnisse und Wünsche der Menschen zum allgemeinen Vorteil in Einklang bringt. Diese Teppichverkäufer müssen z. B. nicht alle am gleichen Ort verkaufen, aber weil sie es tun, weiß jeder, wo es Teppiche gibt. Die Kunden profitieren von den niedrigen Preisen, die durch Wettbewerb entstehen, und die Verkäufer haben immer genügend Kunden. So gewinnen alle, obwohl niemand dieses System geplant hat.

Zentrale der Kommunistischen Partei in Beijing (China)

PLANWIRTSCHAFT

Das kommunistische Wirtschaftssystem ist ein Beispiel für eine Planwirtschaft. Kommunismus ist eine politische und wirtschaftliche Philosophie mit dem Ideal einer klassenlosen Gesellschaft, in der es weder Arme noch Reiche gibt und alle Menschen gleich sind. Alle Produktionsmittel wie Fabriken, Maschinen und Rohstoffe gehören dem Staat, und der Staat bestimmt auch, welche Bedürfnisse und Wünsche die Menschen haben. Die kommunistische Regierung der Volksrepublik China entscheidet im Voraus einen Großteil dessen, was die Bevölkerung anbauen und herstellen soll.

DAS VOLK ENTSCHEIDET

In demokratischen Staaten wird die Regierung von der Bevölkerung gewählt. Die Kandidaten der politischen Parteien stellen ihre wirtschaftlichen Pläne (Programme) vor und die Wähler entscheiden sich für einen von ihnen. Wenn die Leute finden, dass die Regierung die Wirtschaft des Landes nicht gut verwaltet, können sie beim nächsten Mal eine andere Partei wählen. Diese Frau gibt bei der Wahl in Indonesien im Jahr 2009 ihren Stimmzettel ab.

Auf dem Stimmzettel trifft die Frau ihre Wahl.

ABSOLUTE KONTROLLE

In einer Diktatur kontrolliert eine Person alle wirtschaftlichen Aktivitäten (und auch vieles andere). So hat der Diktator viele Vorteile, die Menschen hingegen können kaum mitbestimmen. Der frühere Präsident von Turkmenistan, Saparmurat Nijasow, ließ den größten Anteil an den Gewinnen aus dem Erdöl- und Erdgashandel seines Landes in die eigene Tasche fließen. Von einem Teil dieses Geldes ließ er eine Statue seiner Person aus massivem Gold anfertigen, die sich mit dem Lauf der Sonne dreht.

WO DER KUNDE KÖNIG IST

In einer freien Marktwirtschaft oder einer gemischten Wirtschaftsform können die Verbraucher frei wählen, wofür sie ihr Geld ausgeben. Ihre Wahl bestimmt, was hergestellt wird. Können und wollen die Menschen ihr Geld für ein bestimmtes Produkt ausgeben, entsteht ein Anreiz, das Produkt herzustellen. Oft stehen mehrere Firmen miteinander im Wettbewerb, die alle das gleiche Produkt anbieten, sodass die Kunden zwischen mehreren Marken wählen können.

BANANENREPUBLIKEN

Manche Unternehmen werden so groß und mächtig, dass sie in einem Gebiet die gesamte Wirtschaft kontrollieren. Das Unternehmen United Fruit Company (USA) beherrschte früher die Wirtschaft in Zentralamerika so stark, dass die Länder in der Region als „Bananenrepubliken" bezeichnet wurden.

Entscheidungen

Überall und ständig werden wirtschaftliche Entscheidungen getroffen. Es geht – heute ebenso wie vor Jahrtausenden, als es noch gar keine Landwirtschaft gab – um die Frage, wie man begrenzte Mittel am besten einsetzt. Damals lebten die Menschen von der Jagd und vom Sammeln von Nahrung. Sie zogen umher und bauten Werkzeug und Hütten aus dem Material, das sie vorfanden. Sie lebten in kleinen, beweglichen Gruppen, die wohl auch manchmal Handel trieben. Ökonomen nennen sie Jäger und Sammler. Manche Völker leben immer noch auf diese Weise. Andere bauen an, was sie zum Leben brauchen, oder halten sich ein wenig Vieh. Solche Wirtschaften sind zwar klein, aber die Leute dort stehen vor denselben Entscheidungen wie wir in der Industriegesellschaft: Wie arbeiten wir zusammen, wie teilen wir die Früchte der Arbeit untereinander auf und wie sorgen wir für Kinder und alte Leute?

Fisch

Eier

Nüsse

Beeren

URALTE LEBENSWEISE
Es gibt noch einige wenige Gemeinschaften von Jägern und Sammlern, deren Lebensweise sich in Tausenden von Jahren kaum verändert hat. Sie jagen und sammeln ihre Nahrung, statt sie anzubauen. Die Männer fischen und jagen, die Frauen sammeln Nüsse, Eier und Beeren. Solche Gesellschaften geben uns wichtige Hinweise darauf, wie unsere frühesten Vorfahren gelebt haben.

Buschmänner verstecken sich im hohen Gras und zielen auf ihre Beute.

Bogen

Pfeil

GEMEINSAME JAGD
Diese Buschmänner in der Kalahari-Wüste (Namibia) jagen gemeinsam, weil sie wissen, dass einer allein kaum Erfolg hätte. Verläuft die Jagd erfolgreich, wird das Fleisch unter allen aufgeteilt, ist doch das Teilen in solchen Gemeinschaften lebenswichtig. Da Reste selten gelagert werden können, müssen alle essen, wenn es gerade Nahrung gibt.

SPEZIALISIERUNG

Die Spezialisierung oder Arbeitsteilung ist ein gemeinsames Merkmal aller Volkswirtschaften der Erde. Selbst in kleinen Gesellschaften wie dem Stamm der Yanomami im Amazonas-Regenwald begegnet man ihr. Keinem Yanomami-Mann würde es einfallen, Cassava-Wurzeln zu kauen. Das tun nur die Frauen vor dem Kochen, damit sie nicht so bitter schmecken, aber der ganze Stamm profitiert von ihrer Arbeit.

Eine Yanomami-Frau im Amazonas-Regenwald bereitet Cassava zu.

NOMADEN

Viehhalter ziehen umher, da die Tiere immer wieder frische Weiden brauchen. Man nennt sie Nomaden, weil sie von Ort zu Ort wandern. Dort, wo sie Nahrung, Wasser und Material für Werkzeug finden, bauen sie vorübergehend ihr Lager auf. Diese mongolischen Nomaden wohnen in tragbaren Filzzelten, den Jurten (auf Mongolisch heißen sie *Ger*).

Metallstreifen erzeugen rasselnde Klänge.

HEILKRÄFTE

Jäger und Sammler behandeln Krankheiten und Verletzungen auf ihre eigene Weise. Einige von ihnen kennen die Heilwirkungen der Pflanzen in ihrem Gebiet genau, außerdem werden ihnen besondere spirituelle Kräfte nachgesagt. Diese spirituellen Meister vertreiben die Geister, die ihrem Glauben nach die Krankheiten verursachen, mit bestimmten Ritualen. In manchen Gemeinschaften heißen sie Schamanen und verwenden z. B. Rasseln.

Schamanen-Rassel aus dem Nordwesten der USA

ALTE TRADITIONEN

Reine Jäger-und-Sammler-Gemeinschaften gibt es immer weniger, weil die Leute sich lieber an der globalen Wirtschaft beteiligen wollen. Einige, wie die Pila Nguru Aborigines (Australien), haben sich jedoch für die Beibehaltung ihrer alten Lebensweise entschieden und fertigen u. a. weiterhin ihre farbenfrohen traditionellen Punktmalereien an.

Eigentum

Die meisten Menschen halten es für selbstverständlich, dass ihnen bestimmte Dinge gehören, wie Geschenke oder Dinge, die sie selbst gemacht oder für die sie gearbeitet haben. Jede Gesellschaft hat aber eigene Regeln aufgestellt, die das Eigentum betreffen. Jäger und Sammler fänden die Vorstellung, dass das Land jemandem gehören könnte, sehr seltsam. In kommunistischen Gesellschaften sind Fabriken und Rohstoffe Gemeinbesitz, gehören also dem Staat. Im alten Rom konnte man sogar Menschen besitzen (Sklaven) und bis zum Ende des 19. Jahrhunderts hatten die Frauen in den meisten europäischen Ländern kein Recht auf Eigentum. Das Recht auf Eigentum bedeutet, dass man den Erlös aus eigener Arbeit oder Investitionen behalten darf. Da es wirtschaftliche Entscheidungen stark beeinflusst, ist es für die Wirtschaft von großer Bedeutung.

ALLES MEINS!
Schon Schimpansen haben eine Vorstellung von Eigentum. Pflückt ein Angehöriger einer Herde eine Frucht, nimmt sie ihm kein anderes Mitglied gewaltsam ab, selbst wenn er einen sehr niedrigen Rang hat. Vielleicht haben wir Menschen den Begriff des Eigentums schon von unseren affenähnlichen Vorfahren übernommen. Es ist aber noch nicht gesichert, ob diese Vorstellung instinktiv im Menschen verankert ist. In der Praxis müssen die Eigentumsrechte durch Gesetze und Gewohnheitsrecht abgesichert werden.

WEM GEHÖRT DAS?
Viele Indianervölker in Amerika kannten früher kein Land- oder Grundeigentum. Das Schilf am Ufer eines Sees gehörte beispielsweise niemandem. Wenn man aber Halme abschnitt und daraus einen Korb flocht, gehörte einem der Korb.

MEIN HAUS IST MEINE BURG
Chinesische Eigentumsgesetze erlaubten es Wu Ping, ihr Haus in der Stadt Chongqing zu behalten, obwohl alle Nachbarn ihre Häuser bereits an Baugesellschaften verkauft hatten. Selbst als sie nur noch auf einer Felssäule inmitten einer riesigen Baugrube wohnte, weigerte sie sich auszuziehen. Letztendlich einigte sie sich aber doch mit der Baugesellschaft und das Haus wurde abgerissen.

WEM GEHÖRT DER SCHATZ?
Die Entscheidung, wem etwas gehört, ist oft kompliziert. Der britische Botschafter Thomas Elgin kaufte 1801 griechische Marmorreliefs von der türkischen Regierung, die damals in Athen regierte. Nun sind sie im Britischen Museum, aber die griechische Regierung verlangt sie zurück. Die Briten sagen, sie hätten dafür bezahlt und sie die letzten 200 Jahre erhalten. Wessen Anspruch ist berechtigt?

EIN GRUNDSTÜCK AUF DEM MOND
Die Vereinten Nationen schlossen 1967 einen Vertrag, der es allen Ländern verbietet, Gebiete auf dem Mond oder irgendwo sonst im Weltraum zu beanspruchen. Von einzelnen Personen oder Unternehmen ist darin allerdings nicht die Rede. Dennis Hope aus Nevada (USA) verdiente mehrere Millionen Dollar damit, dass er Grundstücke auf dem Mond beanspruchte und verkaufte. Sie als Investition zu kaufen wäre sehr riskant, denn vor Gericht würden Hopes Ansprüche wohl nicht anerkannt, aber als Geschenk machen sie sich sehr gut.

Blauflossen-
thunfisch

DIE TRAGÖDIE DES ALLGEMEINGUTS
Wenn eine Ressource niemandem gehört und jeder sie verwenden kann, kümmert sich meist niemand ernsthaft darum. Die Ökonomen bezeichnen dies als die „Tragödie des Allgemein-guts". Das Schicksal des Blauflossenthunfischs ist dafür ein trauriges Beispiel. Nach internationalem Recht gehören das offene Meer und die darin leben-den Fische niemandem, und daher schützt sie auch niemand: Die Fischer haben diese wohlschmeckende Art an den Rand des Aussterbens getrieben.

DIESE IDEE IST VON MIR
Ideen sind oft mindestens so wertvoll wie Waren. Lange Zeit konnte jeder auch fremde Ideen nutzen, ohne dafür zu bezahlen, doch schließlich entschieden die Regierungen, dass dies ungerecht sei. Zudem war es schädlich, weil die Erfinder ohne die Garantie, dass sie von neuen Ideen auch profitieren konnten, weniger Anreiz hatten, etwas zu erfinden. Daher wurden Gesetze zum Schutz des geistigen Eigentums entworfen, die die Ideen der Erfinder vor Diebstahl schützen sollen.

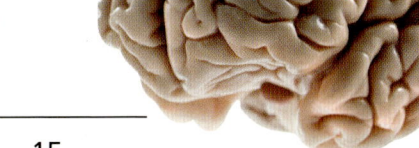

DIES IST MEIN LAND
Auch Gemeinschaften, die selbst kein Recht auf Landeigentum kennen, müssen um ihr Land kämpfen, wenn andere es ihnen wegnehmen wollen. Diese Indianer aus dem peruanischen Regenwald bekräftigen ihr Recht, auf ihrem Land zu leben und es für Jagd und Landwirtschaft zu nutzen, aber sie dürfen keinen rechtlichen Eigentumsanspruch erheben. Da die Gesetze von Peru jedoch Landeigentum vorsehen, können Holzunternehmen ein Anrecht auf Waldgebiete erwerben, sodass die ursprünglichen Regenwaldbewohner sie nicht mehr nutzen können. Massive Proteste von Indianern haben 2009 zur Abschaffung zweier Landeigentumsgesetze in Peru geführt.

Arbeitsteilung

In einer Gruppe schafft man viel mehr als allein. Man kann zusammen nicht nur schwere Dinge heben, sondern auch komplizierte Aufgaben in viele Schritte teilen, sodass jeweils eine Person einen Schritt erledigt. Dann geht die Arbeit viel schneller von der Hand, weil die Person, die eine bestimmte Aufgabe immer und immer wieder erledigt, immer besser darin wird. Solche Leute nennt man Spezialisten (Facharbeiter). Sie arbeiten wesentlich schneller und schaffen mehr Arbeit pro Stunde als Nicht-Spezialisten. Die Aufteilung einer Arbeit in mehrere Einzelschritte mit dem Ziel, in möglichst kurzer Zeit möglichst viel Arbeit zu erledigen, nennt man Arbeitsteilung.

FLEISSIG WIE DIE BIENEN
Arbeitsteilung gibt es nicht nur beim Menschen. Auch Bienen sind Spezialisten. Einige Arbeitsbienen sammeln Nektar, andere wandeln ihn in Honig um und die übrigen bewachen den Bienenstock. Die Königin legt hauptsächlich Eier. Würden alle Bienen versuchen, alle Aufgaben zu erledigen, müssten sie viel zu oft die Tätigkeit wechseln. Es entstünde ein großes Durcheinander und wesentlich weniger Honig.

In den Waben lagern Nahrung und Eier.

HANDWERKLICHE FÄHIGKEITEN
Die Entwicklung der Landwirtschaft führte dazu, dass die Leute nicht mehr ständig nach Nahrung suchen mussten und Zeit für andere Tätigkeiten hatten. So wurden viel mehr Güter hergestellt und das Handwerk, wie beispielsweise die Metallverarbeitung, blühte. Dieser Drachenkopf aus Bronze, der den babylonischen Gott Marduk darstellt, wurde im 6. Jh. v. Chr. in Mesopotamien angefertigt.

Kupferstich einer Nagel-fabrik aus dem 18. Jh.

Der Facharbeiter setzt die Köpfe auf die Nägel.

Das Feuer erhitzt das Metall.

Nägel

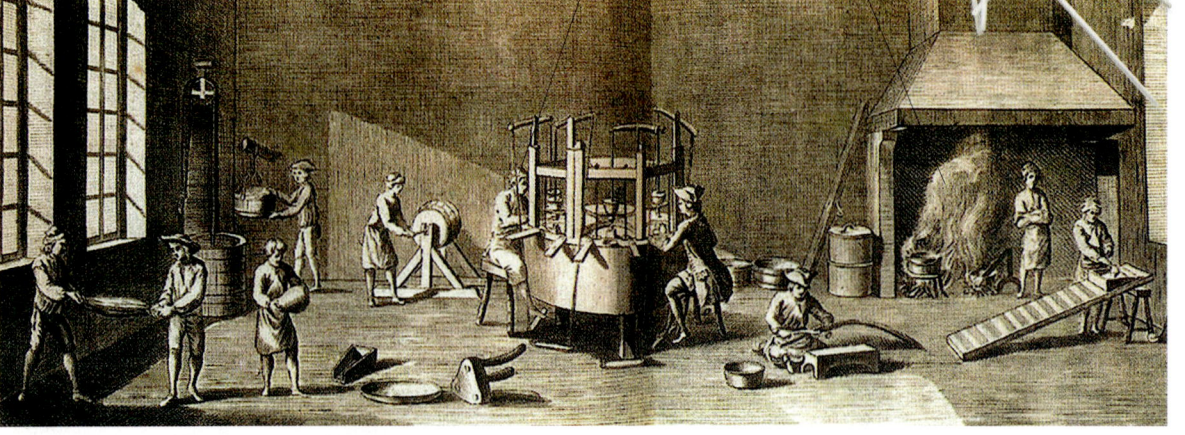

ZUSAMMENARBEIT
Der Wirtschaftswissenschaftler Adam Smith meinte schon im 18. Jh., dass selbst einfache Aufgaben durch Zusammenarbeit und durch Spezialisierung schneller zu bewältigen sind. Er rechnete aus, dass zehn Personen in einem bestimmten Zeitraum so viele Nägel herstellen konnten wie 2400 Personen allein. Allerdings wird Spezialisierung auf nur einen Arbeitsgang oft eintönig. Die Arbeiter fühlen sich wie Maschinen, werden unzufrieden und schaffen weniger.

Arbeitsbiene

UNGLEICHER LOHN?

Der britische Erfinder und Industrielle Lord Armstrong, der im 19. Jh. lebte und dem dieses wunderschöne Anwesen gehörte, bezahlte sich selbst mehr als allen seinen Angestellten zusammen. War das ungerecht? Viele Ökonomen würden dies verneinen. Arbeiter waren meist leicht zu ersetzen, Armstrongs Beitrag dagegen war unersetzlich, denn ohne seine Erfindungen hätte es gar keine Arbeitsplätze gegeben. Bei einer Teamarbeit ist es oft schwer, den Wert der einzelnen Beiträge genau festzulegen.

FLIESSBANDPRODUKTION

Zwischen 1908 und 1913 entwickelte die Ford Motor Company die Produktion am Fließband bis zur Perfektion. Am Fließband wurden die Autos in exakt aufeinanderfolgenden Fertigungsschritten von spezialisierten Fachkräften zusammengebaut. So schaffte man es, die Fertigungsdauer von 12,5 Stunden auf knapp über 1,5 Stunden zu verringern. Die höhere Produktivität führte zu höheren Gewinnen für das Unternehmen, niedrigeren Preisen für die Käufer und höheren Löhnen für die Beschäftigten.

Der Arbeiter führt seine spezielle Tätigkeit aus.

Handel

Wenn zwei Dinge gegeneinander eingetauscht werden, nennt man das Handel. Personen und Unternehmen handeln miteinander, weil sie etwas, das sie brauchen oder gern hätten, nicht selbst herstellen können, oder weil sie sich lieber auf die Herstellung einer anderen Sache konzentrieren. Wer zum Beispiel nicht selbst weiß, wie man ein Fernsehgerät baut, kann es von einer Firma kaufen, die sich darauf spezialisiert hat, und dafür Geld bezahlen. Waren und Dienstleistungen werden immer häufiger auch zwischen Personen oder Unternehmen länderübergreifend gehandelt. Waren und Leistungen, die aus einem Land ausgeführt werden, nennt man Exporte. Das Gegenteil davon sind Importe. Manche Regierungen schützen die Unternehmen im eigenen Land durch Zölle vor preiswerten Importen. Zölle sind Steuern, die auf Waren erhoben werden, die aus dem Ausland importiert werden.

DIE ERSTEN HÄNDLER
Werkzeuge aus Feuerstein, die an Orten gefunden wurden, an denen der Stein gar nicht vorkommt, legen nahe, dass schon in der Steinzeit Handel getrieben wurde. Scharfe Steinmesser brauchte man zum Bau von Unterkünften, zur Herstellung von Kleidung und zum Schneiden von Fleisch. Dort, wo es diesen Rohstoff nicht gab, tauschte man ihn wahrscheinlich gegen andere Waren.

TAUSCHGESCHÄFTE
In unserer Zeit werden Waren und Dienstleistungen meist gegen Geld getauscht. Bevor das Geld erfunden wurde, musste man Gegenstände jedoch direkt austauschen. Ein Beispiel wäre der Tausch des Hahns gegen eine vereinbarte Menge von Äpfeln. Neben Geldgeschäften gibt es bis zum heutigen Tag weiterhin Tauschgeschäfte. Ihre Beliebtheit nimmt sogar wieder zu, was man daran sieht, dass viele Menschen Dinge, die sie nicht mehr brauchen, über das Internet tauschen.

Hahn

Äpfel

Ein Schiff verlässt den Hafen von Lissabon (Portugal).

ÖRTLICHE BESONDERHEITEN
Unternehmen in einem Land oder einer Region spezialisieren sich auf bestimmte Waren oder Dienstleistungen, weil es die Rohstoffe nur dort gibt oder weil die Gegend berühmt dafür ist. Filmemacher kamen ursprünglich nach Hollywood, einem Stadtbezirk von Los Angeles (USA), weil dort das ganze Jahr über die Sonne scheint – perfekt für Außenaufnahmen! 1910 nahmen zwei kleine Filmstudios ihre Arbeit auf und heute ist Hollywood das Zentrum der weltweiten Filmindustrie.

Kardamom

GLOBALISIERUNG
Im 15. und 16. Jh. waren Gewürze wie Pfeffer und Kardamom in Europa äußerst wertvoll. Die traditionellen Handelsrouten zu den Herkunftsinseln der Gewürze in Asien waren fest in der Hand arabischer Händler, sodass die Gewürze sehr teuer waren, wenn sie Europa erreichten. Daher erkundeten europäische Seefahrer neue Routen. Im Lauf der Zeit entwickelten sich Gewürze und Seide von der östlichen Hemisphäre ebenso wie Edelmetalle und Zucker von der westlichen Erdhalbkugel zu den wichtigsten Einnahmequellen der Länder Europas.

SPIELPLATZGESCHÄFTE
Handel ist der Austausch von Gütern und Dienstleistungen zur Befriedigung der Bedürfnisse der Menschen. Jeder treibt im alltäglichen Leben ständig Handel in irgendeiner Form. Selbst das Tauschen von Karten unter Freunden ist eine Form des Handels.

HANDEL OHNE GRENZEN
Manchmal versuchen Regierungen, die Unternehmen ihres Landes durch Handelsbeschränkungen, z.B. Zölle, vor Wettbewerbern aus anderen Ländern zu schützen. Einige Länder treten auch Handelsblöcken bei, deren Mitglieder untereinander die Handelszölle verringern oder ganz abschaffen. Innerhalb der 27 Mitgliedsstaaten der Europäischen Union können sich Menschen, Güter und Dienstleistungen frei bewegen.

Fahne der
Europäischen Union (EU)

GLOBALE AUSWIRKUNGEN
In der heutigen vernetzten Welt wirken sich die Entscheidungen eines Landes oft stark auf die Gesamtwirtschaft anderer Länder aus. Wenn die ölfördernden Länder z.B. ihre Fördermengen verringern, steigt weltweit der Ölpreis. Da viele Industrien und Verkehrsmittel vom Öl abhängig sind, wirken sich höhere Ölpreise stark auf den weltweiten Handel aus.

Ein Tanker transportiert Erdöl über den Ozean.

Geld wird erfunden

Bevor es Geld gab, mussten die Menschen Tauschhandel treiben. Das war allerdings nicht besonders einfach. Wer beispielsweise eine Ziege gegen Feuerholz tauschen wollte, musste unter Umständen lange suchen, bis er jemanden fand, der Feuerholz gegen eine Ziege tauschen wollte. Dieses Problem wurde erst mit der Erfindung des Gelds gelöst. Da sein Wert allgemein anerkannt wurde, konnten die Leute schnell und einfach alles kaufen und verkaufen, was sie brauchten. Damit der Wert erhalten blieb, durfte es nicht zu viel davon geben. Es durfte aber auch nicht zu wenig sein, damit es für alle Leute reichte. (Man stelle sich eine Stadt vor, in der es nur zwei Münzen gibt!) Außerdem musste es schwer zu fälschen, tragbar, langlebig und gut teilbar sein.

RIESENERFOLG
Metall war schon früh eine sehr beliebte Form von Warengeld. Das Problem lag nur darin, die Reinheit zu bestimmen. Die ersten Münzen der Welt, die um 640 v. Chr. in Lydien (in der heutigen Türkei) geprägt wurden, lösten das Problem. Ihnen wurde das königliche Symbol des Löwenkopfs eingeprägt, das ihre Reinheit garantierte.

Gerstenkorn

JEDES KÖRNCHEN ZÄHLT
Im alten Mesopotamien diente der Schekel als Grundeinheit für Gewicht und Währung. Ein Schekel bestand ursprünglich aus 180 Gerstenkörnern. Formen des Gelds, die an sich schon nützlich sind, wie Gerste, Metall oder Salz, nennt man Warengeld.

Die Schriftzeichen besagen, dass diese chinesische Banknote so viel wert ist wie 1000 Münzen.

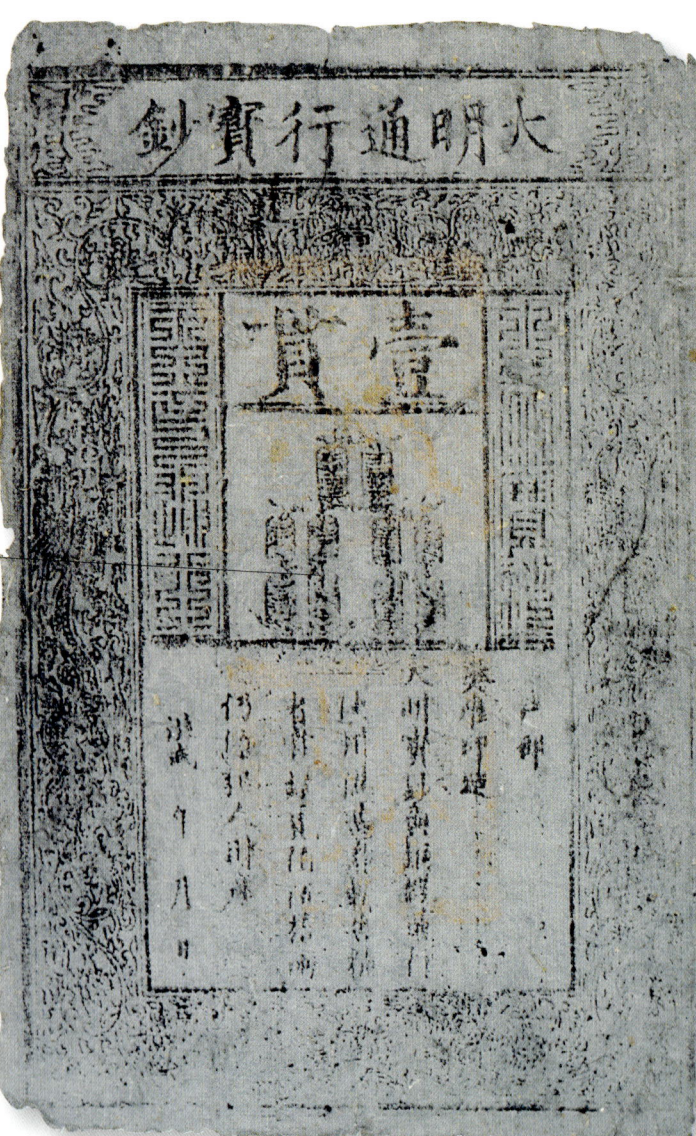

Perlengeld

Kaurimuscheln

PERLENGELD
Vieles diente im Lauf der Jahrhunderte als Währung, z. B. Perlen, Kaurimuscheln und ringförmige Steine. Man kann fast alles verwenden, vorausgesetzt, alle Leute sind sich darüber einig, dass es als Zahlungsmittel angenommen wird.

Ringmünze

Perlen

EIN WEGWEISENDES EREIGNIS
Im 10. Jh. begannen die Leute in China, ihre schweren Eisenmünzen bei Kaufleuten zu lagern. Sie bekamen dafür handgeschriebene Quittungen, die als Zahlungsmittel galten. Schließlich übernahm die Regierung die Funktion der Kaufleute und druckte Quittungen, die offiziell als Geld verwendet werden durften. Dies waren die ersten Banknoten, also das erste Papiergeld.

Die Zahl gibt den Wert des Scheins an.

Die Seriennummer identifiziert den Schein und schützt vor Diebstahl und Fälschung.

Tunesische Dinare (Banknoten und Münzen)

GOLDSTANDARD
Lange Zeit war der Wert von Münzen und Banknoten an bestimmte Goldmengen gebunden, den Goldstandard. Der Wohlstand eines Landes wurde also durch die Menge seiner Goldreserven bestimmt. Dieses System vereinfachte den internationalen Handel, da Zahlungen in Gold überall akzeptiert wurden.

ES WERDE GELD
Im Jahr 1971 einigten sich viele Länder darauf, den Geldwert nicht mehr an das Gold zu binden. Heute besitzt das Geld nur deshalb Wert, weil die Regierungen es so bestimmen. Diese Form des Gelds wird als Fiatgeld bezeichnet – das lateinische Wort *fiat* bedeutet „es werde!".

Der Mikrochip speichert Daten des Kartenbesitzers.

Hologramme sind äußerst schwer zu fälschen.

Aragonit ist ein besonderer Kalkstein.

BANKKARTEN
Heute werden die meisten Käufe und Verkäufe nur noch mit „virtuellem Geld" abgewickelt, d. h., man übergibt das Geld nicht mehr wirklich, sondern sendet es von Computer zu Computer. Plastikkarten wie die hier gezeigten speichern die Kontodaten und den Namen ihres Besitzers. Bezahlt man an der Kasse mit seiner Bankkarte, wird das Geld direkt vom eigenen Bankkonto auf das Konto des Verkäufers überwiesen.

STEINGELD
Bis zum 20. Jh. wurden auf der Pazifikinsel Yap riesige Steinscheiben aus Aragonit, die sogenannten *Rai*, als Zahlungsmittel verwendet. Sie wogen meist mehrere Tonnen und die größten hatten einen Durchmesser von über 3 m. Da man sie nur schlecht mitnehmen konnte, mussten sich die Menschen merken, wer welche Scheiben besaß. Es gab aber auch kleinere Münzen für den täglichen Gebrauch.

Märkte und Preise

Wie werden die Preise der Waren festgelegt? Manchmal setzt die Regierung sie fest oder sie werden von einem Unternehmen diktiert, das ein Monopol besitzt, das also den Verkauf bestimmter Produkte allein kontrolliert. Am häufigsten werden Preise jedoch auf Märkten gebildet, also an Orten, wo Käufer und Verkäufer zusammentreffen – Straßenmärkte, Einkaufszentren, Internet-Auktionen oder die Handelsräume der Börsen. Die Preise bilden sich im Verlauf der einzelnen Handelsabschlüsse. Wenn Käufer und Verkäufer sich einig werden, werden Produkte verkauft. Produkte, die es im Überfluss gibt, sind daher meist preiswerter als sehr begehrte, seltene Produkte.

MONOPOLE
Kontrolliert die Regierung oder ein Unternehmen den Verkauf eines Produkts allein, spricht man von einem Monopol. Sie kann dann beliebig hohe Preise festlegen. 1596 gab es in Bayern ein königliches Monopol auf Salz, das 40 % der Einnahmen des Herrschers ausmachte.

DER MARKTPLATZ
Märkte sind durch Wettbewerb gekennzeichnet. Auf Straßenmärkten finden Käufer und Verkäufer sehr leicht heraus, wie viel die Ware an jedem Stand kostet. Sie vergleichen und treffen dann ihre Wahl. Solange es genug Käufer und Verkäufer gibt, kann jeder zu einem zufriedenstellenden Preis Geschäfte machen.

Straßenmarkt in Kota Bharu (Malaysia)

FESTGELEGTE PREISE
Meist legen die Verkäufer den Preis der Waren im Voraus fest und versehen sie mit Preisschildern. Es gibt keinen Spielraum zum Handeln. Lässt sich ein Produkt kaum verkaufen, setzt der Verkäufer den Preis oft herab, um mehr Kunden anzulocken. Ist dagegen etwas schnell ausverkauft, wird der Preis manchmal erhöht, weil die Kunden anscheinend bereit sind, mehr zu bezahlen.

VERKAUF AN DEN HÖCHSTBIETENDEN
Dieses Bild zeigt eine Versteigerung in London im Jahr 1808. Es gibt keinen festgelegten Preis, sondern die Dinge werden an den verkauft, der am meisten dafür bietet. Wollen viele Leute ein einmaliges Gemälde ersteigern, steigt der Preis sehr hoch. Findet sich dagegen nur ein Käufer, bleibt der Preis niedrig.

PREISVERHANDLUNGEN
Zwei Marokkaner feilschen über den Preis für das Kamel. Der Verkäufer hat für sich einen Mindestpreis festgelegt, hofft aber, mehr zu erhalten. Der Käufer hat einen Höchstpreis im Kopf, will aber weniger ausgeben. Wenn sie sich einigen, wird das Kamel verkauft.

SELTEN, BEGEHRT UND TEUER
Diamanten sind teuer, weil sie selten und sehr begehrt sind. Das Angebot ist niedrig, die Nachfrage dagegen hoch. Werden Dinge, die die Leute unbedingt brauchen oder besitzen wollen, knapp, dann sind die Käufer bereit, sehr hohe Preise zu bezahlen.

ZU VIEL DES GUTEN
Produzieren die Autohersteller mehr Autos, als die Leute zum aktuellen Preis kaufen wollen, spricht man davon, dass das Angebot die Nachfrage übersteigt. Dann müssen die Hersteller die Preise senken, um ihre Überschüsse loszuwerden. So reagieren die Märkte auf Überangebote. Das Gegenteil wäre eine Verknappung.

VERRÜCKT NACH TULPEN
Wird erwartet, dass der Preis eines Produkts steigt, steigt auch die Nachfrage, weil die Leute mehr kaufen, um es später mit Gewinn weiterzuverkaufen. Das führt oft zu instabilen Preisen. Im 17. Jh. waren Tulpen in Holland eine Zeit lang so begehrt, dass eine Zwiebel mehr als 10-mal so viel kostete, wie ein Handwerker pro Jahr verdiente. Dann brach der Markt ein und die Zwiebeln wurden beinahe wertlos.

VIRTUELLE MÄRKTE
Ein Markt muss kein echter Ort sein. Im Internet treffen sich Käufer und Verkäufer auf virtuellen Marktplätzen wie Auktionsseiten (E-Bay) oder vergleichenden Webseiten, die die Preise von Hunderten Online-Shops vergleichen. Zwar gibt es dort viele spezialisierte Märkte, aber alle Internet-Nutzer weltweit bilden zusammen auch einen einzigen riesigen Markt.

Banken

In einer Bank ist Geld sicher aufgehoben. Doch das Geld, das die Kunden zur Bank bringen, bleibt nicht einfach im Tresor liegen. Das meiste Geld wird von den Banken an Kreditnehmer verliehen, die damit Unternehmen gründen oder vergrößern oder ein Haus bauen. Das geht nur, weil es sehr unwahrscheinlich ist, dass alle Sparer ihr Geld gleichzeitig wieder abheben wollen. Die Banken verdienen Geld, weil sie von den Kreditnehmern einen Prozentsatz der geliehenen Summe – die Zinsen – als Bezahlung bekommen. Außerdem muss natürlich die ursprünglich geliehene Summe zurückgezahlt werden. Banken leihen ihr Geld nur ungern Leuten, die es wahrscheinlich nicht zurückzahlen können. Daher verlangen sie für riskante Kredite höhere Zinsen. Sie versuchen, die vielversprechendsten Projekte auswählen. Davon profitiert die ganze Wirtschaft.

SICHERER AUFBEWAHRUNGSORT

Man könnte sagen, dass Tempel wie dieser in der alten Stadt Hatra (Irak) die ersten Banken waren. Die Leute bewahrten ihre Wertsachen dort auf (gegen eine Gebühr), weil sie den Tempelwächtern vertrauten. Mit der Zeit akzeptierten die Leute Tempelquittungen – die ausgestellt wurden, damit man seine Wertsachen wieder abholen konnte – als Bezahlung für andere Waren.

Die ersten Banknoten

Münzen

Notizbuch des Bankhalters

DIE BANK DES BANKHALTERS

In Europa entwickelte sich das Bankwesen im 12. und 13. Jh. in Italien. In wichtigen Handelsstädten wie Genua, Venedig und Florenz stellten Geldverleiher an öffentlichen Orten ihre Tische und Bänke auf. Ging einem von ihnen das Geld aus, wurde seine Bank zerschlagen, damit es alle wussten. Das Wort „bankrott" stammt von dem italienischen Ausdruck *una banca rotta* und das heißt so viel wie „eine kaputte Bank".

Das Familienwappen der Medici

Gekreuzte Schlüssel als Zeichen der Medici-Päpste

DIE REICHSTEN BANKIERS

Zwischen dem 14. und 16. Jh. erlangten die ersten Bankiersfamilien wie die Medici in Florenz großen Wohlstand, indem sie Geld an gewinnträchtige Unternehmen verliehen. So wurden die Medici sehr mächtig und herrschten schließlich über Florenz. Sie förderten auch die Künste: In ihren Diensten standen Künstler wie Michelangelo und Leonardo da Vinci, die einige der berühmtesten Gemälde und Skulpturen der Welt schufen. Drei Familienmitglieder wurden sogar Päpste. Das Familienwappen prangt auf zahlreichen Gebäuden in Florenz.

Die Kugeln stellen wohl Münzen dar.

GELDVERLEIHER

Dieses alte Gemälde in einem Museum in Bilbao (Spanien) zeigt einen Geldverleiher über seinen Büchern. Diese Leute verliehen Geld gegen Gebühren und Zinsen. Bevor das moderne Bankwesen entstand, spielten sie eine wichtige wirtschaftliche Rolle, aber sie waren nicht besonders beliebt. Da manche Religionen das Verleihen von Geld verboten, wurde der Beruf oft von religiösen Außenseitern ausgeübt.

Wappen von Papst Leo XI., geborener Alessandro Ottaviano de' Medici

KREDITWÜRDIG ODER NICHT?
Banken verleihen ihr Geld möglichst an Leute, die es auch zurückzahlen können. Sie müssen überzeugt sein, dass mögliche Kreditnehmer zuverlässig sind und vielversprechende Geschäftspläne haben. Philip Knight und Bill Bowerman, die Gründer von Nike, konnten erst dann japanische Sportschuhe in die USA importieren, als die First National Bank of Portland ihnen einen Kredit für 90 Tage gewährte.

Nike-Turnschuhe

ZINSSÄTZE
Im Bundesstaat New Mexico (USA) praktizierten die Bauern im 19. Jh. ein System, das *partido* genannt wurde. Ein Bauer, der einem Nachbarn eine Herde Schafe lieh, bekam nach einem Jahr diese Herde und einen zuvor vereinbarten Prozentsatz der neu geborenen Lämmer zurück. Auch die modernen Banken setzen Zinssätze für alle Kredite fest, die sie gewähren. Kunden, die Geld sparen, erhalten dagegen Zinsen von der Bank. Die Zinssätze beeinflussen die Wirtschaft: Sind sie hoch, leihen die Leute wenig und sparen viel. Sind sie niedrig, sparen die Leute wenig und leihen viel.

Gebäude der Bank of China

MODERNES BANKWESEN
Banken verleihen das Geld der Sparer nicht nur, sondern investieren es auch selbst. Manche spezialisieren sich darauf, Firmen beim Kauf anderer Firmen zu helfen oder Versicherungen zu verkaufen. In vielen Städten liegen die Banken und Finanzunternehmen eng in einem Bezirk vereint, z. B. in der Wall Street in New York und im Finanzbezirk von Hongkong, der hier gezeigt wird.

Citibank Plaza

Sparen und investieren

Sparen bedeutet Geld aufzubewahren, anstatt alles sofort auszugeben. Die Menschen sparen für „schlechte Zeiten", in denen sie vielleicht nicht so viel haben, oder auch für teure Anschaffungen. Sparen ist sehr sicher – das Geld auf dem Bankkonto gewinnt zwar kaum an Wert, es geht aber auch nicht verloren. Investitionen sind riskanter. Man kauft Vermögenswerte (wertvolle Dinge) und hofft, dass sie immer wertvoller werden und Gewinne bringen. Vermögenswerte sind zum Beispiel Aktien von Unternehmen (S. 30–31) und Kapital, also Geld, Ausstattung und Gebäude mit denen Werte produziert werden. Das Geld für Investitionen leiht man sich meist von der Bank.

WARUM SPAREN?
Ersparnisse sichern die Menschen gegen Notfälle und schlechte Zeiten ab. So wie Eichhörnchen Nüsse für den Winter sammeln, legen Menschen Geld zur Seite, damit sie sich später etwas leisten können oder Engpässe überstehen. Viele Leute sparen auch für den Ruhestand, also die Zeit, in der sie nicht mehr arbeiten und kein Geld mehr verdienen.

WARUM INVESTIEREN?
Geld, das zu Hause unter der Matratze oder in einer Spardose aufbewahrt wird, könnte gestohlen werden. Das größte Problem ist aber, dass sein Wert nicht zunimmt, sondern sogar oft sinkt, wenn die Preise steigen. Daher investieren manche Leute, weil sie hoffen, dass sie dadurch etwas verdienen – dass sie also mehr Geld zurückerhalten als sie eingesetzt haben.

Der riesige Roboterarm verschweißt den Fahrzeugrahmen.

INVESTITIONEN IN MASCHINEN
In dieser Autofabrik von Hyundai in Beijing (China) werden die Fahrzeugrahmen mit Roboterarmen zusammengeschweißt. Komplizierte Maschinen wie diese Roboter sind sehr teuer. Das Unternehmen hofft jedoch, dass sich diese Investitionen langfristig lohnen werden. Der Grund dafür liegt darin, dass es noch mehr kosten würde, Menschen für die Erledigung dieser Aufgaben zu bezahlen.

PROFIT DURCH IMMOBILIEN
Es gibt alle möglichen Formen von Investitionen für Privatleute. Sie können ihr Geld in Aktien von Unternehmen stecken (S. 34–35) oder Häuser und Grundstücke kaufen. Für die meisten Hauseigentümer ist der Hausbau die größte Investition ihres Lebens. Der Vorteil ist, dass sie darin wohnen können und es (hoffentlich) im Wert steigt.

Abschnitt des Bonneville-Damms
am Columbia River in Oregon (USA)

DIE WELTBESTEN SPARER
China hat eine der höchsten Sparquoten der Welt. Die Menschen dort müssen nämlich selbst für Gesundheitsversorgung, Bildung und Ruhestand bezahlen. Außerdem ist Sparen in China ein kultureller Wert. Je mehr Ersparnisse es in einem Land gibt, desto mehr kann dort investiert werden und desto stärker wächst die Wirtschaft.

Chinesische Münzen,
ein uraltes Symbol
für Reichtum

INVESTITIONEN FÜR DIE ALLGEMEINHEIT
Auch Regierungen tätigen Investitionen. Mit den Steuereinnahmen finanzieren sie öffentliche Bauprojekte wie Dämme, Straßen, Brücken und Kraftwerke. Diese Projekte sollen der Allgemeinheit dienen und die Wirtschaft ankurbeln. Eine neue Brücke kann z. B. die Transportkosten für örtliche Unternehmen beträchtlich senken. Außerdem regt sie den Handel an, weil Menschen aus verschiedenen Gegenden nun leichter in Kontakt kommen.

Besucherinnen mit Mickey und Minnie
Maus im Disneyland in Tokio (Japan)

WELTWEITE AUSDEHNUNG
Investoren haben die Auswahl zwischen Unternehmen und Volkswirtschaften auf der ganzen Welt. Sie versuchen, bei ihren Entscheidungen das richtige Gleichgewicht zwischen dem Risiko (der Möglichkeit, dass sich die Dinge nicht wie geplant entwickeln) und einer möglichst hohen Rendite (Gewinn aus ihren Investitionen) zu finden. Die US-amerikanische Walt Disney Company ist ein multinationales Unternehmen. Sie investiert auch in Themenparks in Europa und Asien.

Währung und Wechselkurs

Die meisten Länder haben eigene Banknoten und Münzen – ihre eigene Währung. Wer ins Ausland in Urlaub fährt, muss das Geld seines Landes in die Währung des Urlaubslandes umtauschen. Urlauber müssen das fremde Geld mit der Währung ihres Landes zu einem bestimmten Wert, den man Wechselkurs nennt, kaufen. Dieser Wechselkurs ändert sich täglich, weil er – wie die meisten Preise – vom Markt bestimmt wird: dem Markt der Käufer und Verkäufer von Währungen. Wenn beispielsweise sehr viele Leute indische Rupien kaufen wollen, wird diese Währung teurer. Wenn niemand US-Dollar braucht, werden sie billiger. Regierungen versuchen oft, die Wechselkurse zu steuern. Entweder sie kaufen und verkaufen selbst bestimmte Währungen oder sie beschränken die Ein- und Ausfuhr von Geld in ihrem Land. Manchmal setzen sie den Kurs sogar fest, indem sie den Wert ihrer eigenen Währung an eine andere Währung, in der Regel den US-Dollar, binden.

TEURE IMPORTE
Führt ein Land von anderen Ländern mehr Waren und Dienstleistungen ein, als es selbst dorthin exportiert, sinkt oft der Wechselkurs seiner Währung. Bangladesch importiert z. B. jedes Jahr riesige Mengen Reis. So gerät der Umrechnungswert der Währung stark unter Druck, weil das Land viel Geld in fremde Währungen umtauschen muss, um den Reis zu bezahlen.

NUR EIN PAAR DOLLAR MEHR
Währungen werden hauptsächlich in bedeutenden Finanzzentren wie New York, London und Tokio gehandelt. An diesen Märkten werden pro Tag Geschäfte im Wert von über 1 Bio. Dollar getätigt. Z. T. werden die Währungen von Banken, Unternehmen und Regierungen ge- und verkauft. Den größten Teil der Geschäfte tätigen aber Währungsspekulanten. Diese Leute versuchen, den zukünftigen Wert von Währungen vorherzusagen. Trifft ihre Vorhersage zu, machen sie Gewinn.

Ein britisches Pfund ist einen ganzen Stapel indische Rupien wert.

FREIER WECHSELKURS
Wenn der Wert einer Währung vom Markt bestimmt wird, spricht man von einem freien Wechselkurs. Die indische Rupie hat z. B. einen freien Wechselkurs: Ihr Wert ändert sich täglich. Manchmal verändern sich die Kurse im Lauf der Zeit sehr stark. Im Jahr 2001 konnte man mit nur 0,90 US$ 1 Euro kaufen, im Jahr 2008 kostete 1 Euro schon 1,47 US$.

URLAUBSGELD

Auslandsreisende brauchen die jeweilige Landeswährung, um z. B. Andenken wie diese russischen Matroschka-Puppen zu kaufen. In Banken, Reisebüros und Flughäfen gibt es überall Wechselstuben, genannt *Bureaux de change,* die die Währung der Reisenden umtauschen. Ihren Gewinn ziehen sie aus einer Umtauschgebühr und daraus, dass sie die Währungen billiger ein- als verkaufen.

GESCHÄFTE AUF DER STRASSE

Wenn eine Regierung den Wechselkurs ihrer Währung festlegt, entwickelt sich oft ein „Schwarzmarkt", also ein illegaler Markt für diese Währung. Da der festgelegte Wert meist zu hoch oder zu niedrig ist, wenden sich die Leute an illegale Händler, um einen besseren Preis zu bekommen. Diese afghanischen Händler verkaufen ihre Währung, den Afghani, auf den Straßen ihrer Hauptstadt Kabul.

GELD KENNT KEINE GRENZEN

Es ist sehr teuer, ständig Geld umzutauschen, und auch die Unsicherheit über laufend wechselnde Preise kostet die Unternehmen viel Geld. Aus diesem Grund haben sich die Regierungen der meisten Länder der Europäischen Union auf den Euro als gemeinsame Währung geeinigt. Der Nachteil einer Währungsunion liegt darin, dass die Länder keine eigene, unabhängige Währungspolitik mehr betreiben können, um spezielle Probleme in den Griff zu bekommen.

GEBUNDENER WECHSELKURS

Manche Länder wollen durch einen festen Wechselkurs ihre Wirtschaft stabilisieren und den Handel mit anderen Ländern vorhersehbarer gestalten. In einer Zeit finanzieller Unsicherheit zwischen 1998 und 2005 band Malaysia den Wert seiner Währung Ringgit an den US-Dollar.

Unternehmen

Ein Unternehmen wird gegründet, wenn sich mehrere Personen zusammenschließen, um etwas herzustellen oder zu verkaufen. Die meisten Unternehmen haben das Ziel, möglichst viel Gewinn zu erwirtschaften. Gewinn ist das Geld, das übrig bleibt, wenn alle Ausgaben der Firma beglichen wurden. Aufgrund ihrer Größe haben Unternehmen gegenüber Einzelpersonen viele Vorteile, allen voran die Kostenersparnis durch Massenproduktion: Je mehr produziert wird, desto niedriger sind die Kosten pro Stück. Auch die Ein- und Verkaufskosten innerhalb einer Organisation sind geringer. Brauchen die Eigentümer Geld für neue Projekte, können sie Aktien oder Teile des Unternehmens verkaufen. Aktionäre erwerben zwar Anteile am Unternehmen, aber geleitet wird es vom Vorstand und dem Aufsichtsrat.

GRÖSSENVORTEIL

Ein Unternehmen mit einer Kette von Hotdog-Läden verkauft mehr als ein einzelner Verkäufer. Da es die Zutaten in großen Mengen kauft, gewähren ihm die Lieferanten günstige Preise. Dies führt wiederum meist zu höheren Gewinnen für das Unternehmen.

Turm an der Spitze der fünfstöckigen Pagode

Eines der drei Tore der Pagode

RECHTLICHE ABSICHERUNG

Die Teilhaber einer „Gesellschaft mit beschränkter Haftung" (GmbH) haften nur begrenzt für die Schulden der Firma, falls sie bankrottgeht. So gehen Firmen eher Risiken ein und investieren mehr. Die Britische Ostindien-Kompanie wurde durch den Handel mit Waren aus den von ihr kontrollierten Gebieten in Indien zum reichsten Unternehmen des 18. Jh.

Das Wappen der Britischen Ostindien-Kompanie

WELTREKORD

Bevor die Baugesellschaft Kongo Gumi aus Osaka (Japan) im Jahr 2006 von der Takamatsu Corporation übernommen wurde, war sie die älteste Firma der Welt. Ihr Ursprung lässt sich bis ins Jahr 578 v. Chr. zurückverfolgen. Die Firma war auf den Bau japanischer Tempel spezialisiert, wie z. B. den hier gezeigten buddhistischen Shitenno-ji-Tempel in Osaka.

Das Gebäude des Senders BBC in London (Großbritannien)

ZUM WOHL DER ÖFFENTLICHKEIT

Meist sollen Unternehmen Gewinne erwirtschaften, die an die Eigentümer oder Aktionäre verteilt werden. Einige sollen dagegen der Öffentlichkeit dienen oder bestimmte Werte und Überzeugungen verbreiten. Solche nicht gewinnorientierte (*Non-Profit*-)Unternehmen wie der britische Fernsehsender British Broadcasting Corporation (BBC) sind rechtlich verpflichtet, alle Gewinne wieder ins Unternehmen zu investieren.

WER IST DER CHEF?

Das Alltagsgeschäft der Unternehmen wird vom Vorstand oder Geschäftsführer und den Managern geleitet. Der Vorstand einer Aktiengesellschaft wird von einem Aufsichtsrat kontrolliert. Der Aufsichtsrat bestimmt die allgemeine Entwicklung des Unternehmens und überwacht die Finanzen. Die Mitglieder werden teils von den Arbeitnehmern, teils von den Aktionären gewählt. GmbHs und Unternehmen in Privatbesitz brauchen in der Regel keinen Aufsichtsrat.

GROSSUNTERNEHMEN

Unternehmen mit Niederlassungen auf mehreren Kontinenten nennt man multinationale Konzerne. Coca-Cola unterhält z.B. Produktions- und Abfülleinrichtungen in über 100 Ländern. Die Hauptniederlassung dieses globalen Imperiums im Wert von 100 Mrd. Dollar befindet sich in der Stadt Atlanta (Bundesstaat Georgia, USA).

Auch Afrikaner trinken Coca-Cola.

Google-Gründer Larry Page und Sergei Brin (rechts)

Opel – die deutsche Marke von General Motors

UNTERNEHMENSKULTUR

Das Arbeitsumfeld in einem Unternehmen ist oft ganz entscheidend für den Erfolg. Die Büros des Unternehmens der Internet-Suchmaschine Google stecken voller Freizeitgeräte, die für eine entspannte Atmosphäre sorgen und so die Kreativität der Mitarbeiter anregen.

RISKANTE GESCHÄFTE

Die meisten Unternehmen wollen wachsen, damit sie mehr von ihren Produkten verkaufen und höhere Gewinne erzielen. Einige überlegen sich neue Geschäftsmöglichkeiten, andere kaufen Konkurrenzfirmen und verschmelzen mit ihnen. Das ist oft riskant. Der US-amerikanische Autohersteller General Motors kaufte mehrere andere Hersteller, u. a. Opel in Europa. Aber mit zu vielen Marken unter einem Dach verzettelte sich das Unternehmen und ging im Jahr 2009 bankrott.

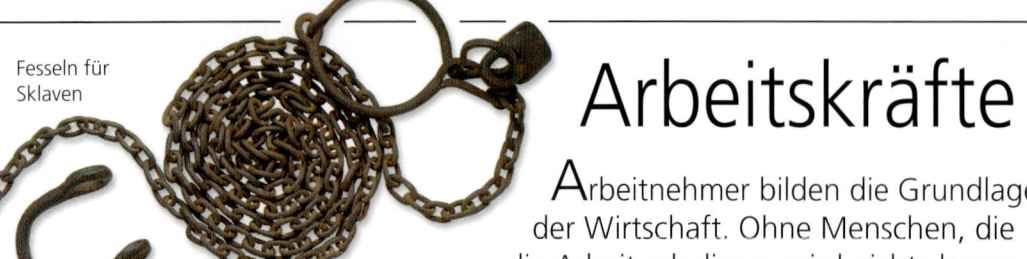

Arbeitskräfte

Fesseln für Sklaven

SKLAVENARBEIT
Sklaven gehörten ihrem Besitzer und wurden wie Eigentum behandelt. So war Sklavenarbeit früher Teil der Wirtschaft, z. B. im alten Griechenland, alten Rom, im mittelalterlichen Europa und im 18. und 19. Jh. in den USA. Heute ist Sklaverei fast überall verboten.

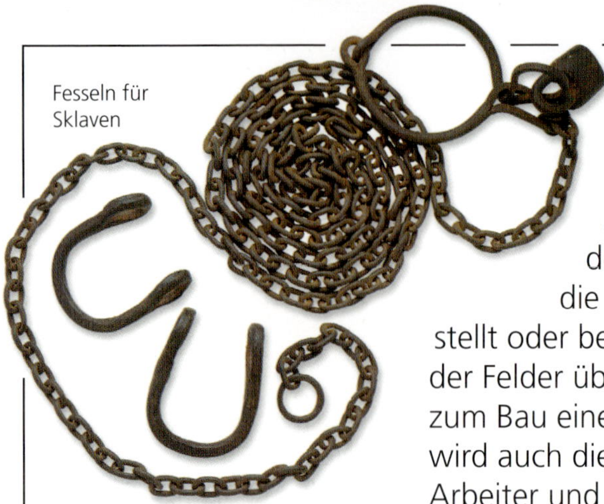

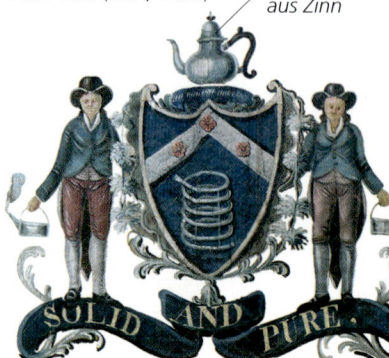

Arbeitnehmer bilden die Grundlage der Wirtschaft. Ohne Menschen, die die Arbeit erledigen, wird nichts hergestellt oder bewegt. Alles ist Arbeit: vom Pflügen der Felder über das Schreiben von Briefen bis hin zum Bau eines Hauses. In weiten Teilen der Welt wird auch die Arbeit von Märkten organisiert. Arbeiter und Angestellte erhalten Verträge und ihre Arbeit wird mit Lohn oder Gehalt bezahlt. Wenn sie seltene Fähigkeiten besitzen oder sich in Gewerkschaften organisieren, schaffen sie es oft sogar, höhere Löhne zu erhalten. Mit gewöhnlichen Fähigkeiten, die vielleicht noch dazu kaum gebraucht werden, müssen sie dagegen niedrige Löhne akzeptieren oder werden manchmal sogar arbeitslos.

Wappen der Zinngießer-Zunft, New York (USA, 1788)

Kaffeekanne aus Zinn

HANDWERKSZÜNFTE
In manchen vorindustriellen Gesellschaften schlossen sich Handwerker wie Schneider oder Goldschmiede zu Zünften zusammen. Zünfte erhielten vom Staat oft besondere Rechte und ein Wappen. Sie stellten Regeln auf, wer ihr Handwerk ausüben durfte, wie das zu geschehen hatte und bestimmten oft auch den Preis, der zu verlangen war.

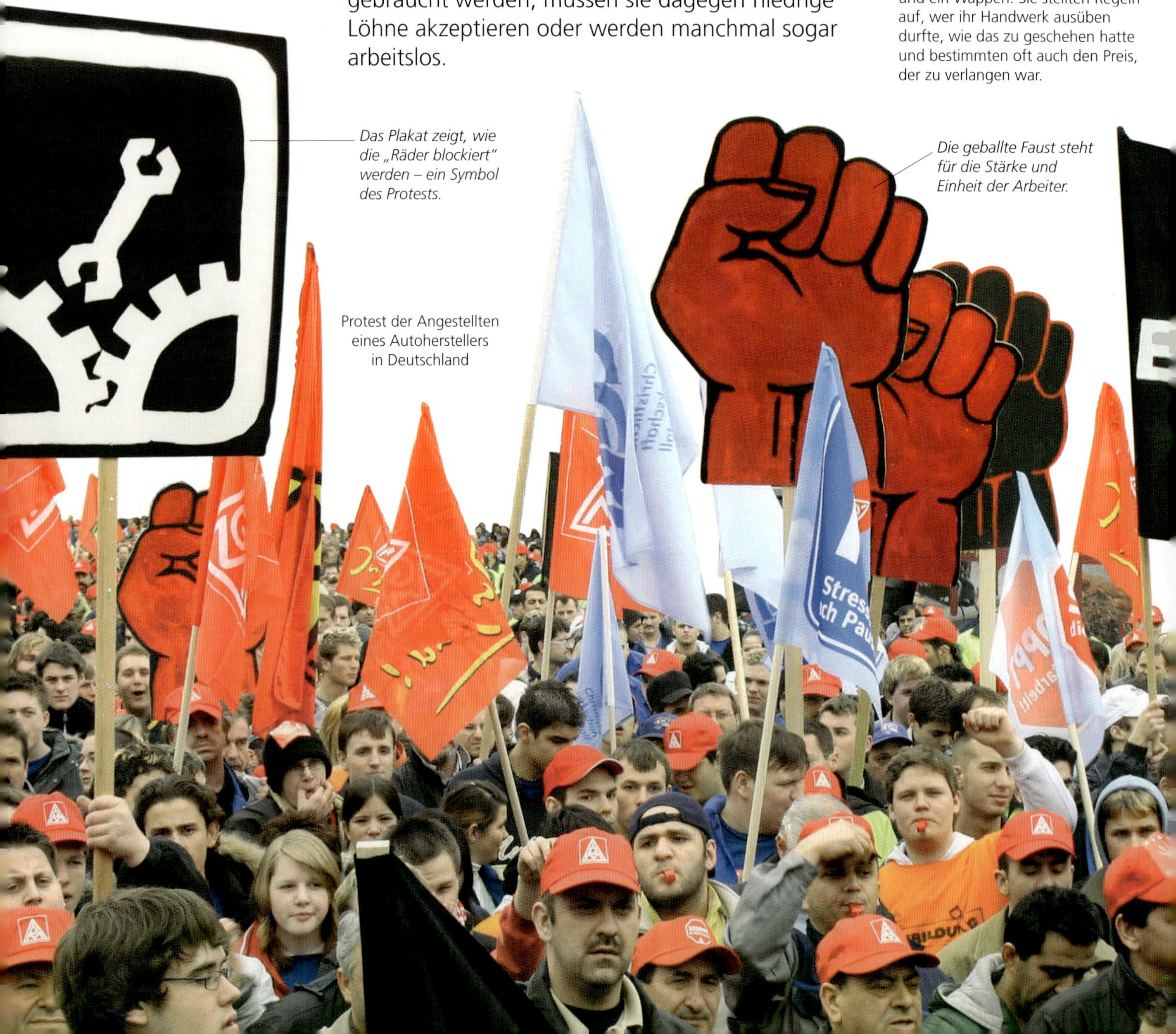

Das Plakat zeigt, wie die „Räder blockiert" werden – ein Symbol des Protests.

Die geballte Faust steht für die Stärke und Einheit der Arbeiter.

Protest der Angestellten eines Autoherstellers in Deutschland

ANGEBOT UND NACHFRAGE

In einer Marktwirtschaft hat die Arbeit einen bestimmten Preis. Arbeiter verkaufen ihre Zeit und ihre Fähigkeiten und die Arbeitgeber bezahlen ihnen Lohn dafür. Wenn Arbeitskräfte knapp sind, steigen die Löhne. Gibt es dagegen genug Arbeitskräfte, wie im heutigen China, sinkt der Preis der Arbeit. Die riesige Menge an Arbeitskräften ist ein Grund für das schnelle Wirtschaftswachstum in China, denn sie hält die Löhne niedrig. So lassen sich Produkte dort sehr billig herstellen.

Fertigung von Laptops in einer Elektronikfabrik in Shenzhen (China)

WEM GEHÖRT DIE ERNTE?

Diese Frau in Thailand bringt die Reisernte ein. Über 40 % der Arbeiter weltweit arbeiten in der Landwirtschaft. Die meisten von ihnen besitzen selbst keinen Grund, sondern arbeiten für einige wenige reiche Grundbesitzer. Manche pachten ein Stück Land vom Eigentümer und müssen dafür einen Teil ihrer Ernte abgeben oder zusätzlich für den Grundbesitzer arbeiten.

Architekten müssen entwerfen, bauen und gut kommunizieren können.

DIE RECHTE DER ARBEITER

Als die Arbeiter begannen, gemeinsam für ihre Interessen einzutreten, entstanden die Gewerkschaften. In Entwicklungsländern kämpfen sie oft gegen schlechte Arbeitsbedingungen und niedrige Löhne. In reichen Gesellschaften sind sie oft stark genug, um höhere Löhne durchzusetzen. Dazu haben sie mehrere Mittel, z. B. Verhandlungen mit Arbeitgebern und Regierungen, Gerichtsprozesse und Demonstrationen. Manchmal organisieren sie Streiks, d. h. ihre Mitglieder verweigern die Arbeit.

Seit über hundert Jahren tragen Arbeitergruppen die rote Fahne.

EINE GUTE AUSBILDUNG IST GELD WERT

Warum verdient ein Architekt mehr als ein Bauarbeiter? Auch das wird durch Angebot und Nachfrage geregelt. Die Nachfrage nach Architekten und Bauarbeitern ist immer hoch, weil überall viel gebaut wird. Da die Ausbildung eines Architekten aber mehrere Jahre dauert, gibt es wesentlich weniger Architekten als Bauarbeiter. Deshalb müssen die Arbeitgeber sie besser bezahlen.

ARBEITSRECHT

Diese Mexikanerin arbeitet als Schweißerin – ein Beruf, der früher nur Männern offenstand. Heute darf in vielen Ländern niemand mehr wegen des Geschlechts, der Rasse oder einer Behinderung benachteiligt werden. Der Staat kann auch Mindestlöhne festsetzen, damit arme Leute nicht ausgebeutet werden.

Aktien und Anleihen

Aktien und Anleihen sind zwei der beliebtesten Investitionsmöglichkeiten für Geldanleger. Wer Aktien kauft, erwirbt dadurch einen Anteil an dem betreffenden Unternehmen. Steigt der Wert dieses Unternehmens, werden die Aktien wertvoller. Wenn der Wert dagegen sinkt, fällt auch der Kurs (Preis) der Aktien. Der Aufsichtsrat kann beschließen, einen Teil des Unternehmensgewinns, die sogenannte Dividende, an die Aktionäre auszuschütten. Käufer von Anleihen leihen dem Unternehmen Geld. Sie werden dadurch nicht Anteilseigentümer, sondern erhalten in regelmäßigen Abständen Zinsen (Leihgebühren). Zu einem vereinbarten Zeitpunkt muss das Unternehmen die Leihsumme zurückzahlen. Auch Regierungen geben Anleihen aus, wenn sie Geld brauchen. Solche Staatsanleihen gelten als sicherer als Unternehmensanleihen, weil Staaten kaum jemals bankrottgehen. Aus diesem Grund zahlt der Staat auch weniger Zinsen.

BÖRSENGANG
Wenn ein Unternehmen beschließt, dass seine Aktien an der Börse gehandelt werden sollen, muss es „an die Börse gehen". Dabei werden in einer ersten „Emission" (*Initial Public Offering, IPO*) die Aktien frei an die Öffentlichkeit verkauft. Dieses Aktienzertifikat stammt vom Börsengang der International Steam Pump Company in New Jersey (USA) im Jahr 1909. Manche Leute kaufen nur Aktien bei Erstemissionen, weil sie hoffen, sie sofort zu höherem Preis weiterverkaufen zu können. Diese „Spekulanten" haben oft Erfolg, weil Aktien anfangs oft zu eher niedrigen Preisen ausgegeben werden, damit alle verkauft werden.

AKTIENHANDEL
Eine Börse ist ein Markt, an dem Unternehmensaktien ge- und verkauft werden. Heute stehen dafür in jeder Großstadt rund um den Globus Gebäude und auch mehrere Webseiten im Internet zur Verfügung. Vor der Einrichtung der Börsen gab es jedoch keinen festen Ort für Aktiengeschäfte. Im London des 18. Jh. wickelten Aktienhändler ihre Geschäfte in Kaffeehäusern ab.

BULLEN
Menschen, die darauf setzen, dass die Aktien steigen, werden Bullen genannt. Dieser Begriff bezeichnet schon seit dem frühen 18. Jh. optimistische Aktienhändler. Sie stürmen furchtlos vorwärts und kaufen Aktien in der Hoffnung, dass ihr Wert steigt, denn dann können sie sie mit Gewinn weiterverkaufen. Ein Aktienmarkt, an dem die Kurse insgesamt einen steigenden Trend aufweisen, heißt daher Bullenmarkt.

Bullenfigur im Büro eines Aktienhändlers

DIE LEISTUNG MESSEN

Das Auf und Ab der Aktienkurse auf dieser Anzeige wird in einer Zahl, dem Börsenindex, zusammengefasst. Dieser Index ist der Durchschnittswert einer bestimmten Auswahl von Aktien an einem Markt. Er ändert sich täglich. Investoren beobachten, wie gut ihre Aktien im Vergleich zum Index abschneiden. Der Deutsche Aktienindex (DAX) bildet die Aktienkurse von 30 der größten Unternehmen in Deutschland ab, der NASDAQ-Index dagegen die Leistung vieler führender Technologieunternehmen.

FREIHEIT KOSTET GELD

Regierungen geben manchmal Anleihen aus, um Mittel für große Bauprojekte oder auch für Kriege zu sammeln. Hier ist ein Poster für *Liberty Bonds* („Freiheitsanleihen") abgebildet, die die Regierung der USA zwischen 1917 und 1918 ausgab, um Geldmittel für den Ersten Weltkrieg aufzutreiben. Investoren erhielten zwischen 3,5 und 4,5 % Zinsen pro Jahr.

EIN ANTEIL AM MARKT

Ein Börsengang, bei dem man Aktien direkt von einem Unternehmen kaufen kann, ist ein Beispiel für einen Primär- oder Emissionsmarkt. Auf Sekundär- oder Umlaufmärkten kaufen und verkaufen die Händler Aktien im Auftrag von anderen Leuten. Diese Märkte sind oft extrem hektisch – im Bild sieht man die Händler an der Warenterminbörse in Chicago (USA). Die Händler versuchen, durch laute Rufe und Handzeichen die Aufmerksamkeit anderer Händler auf sich zu ziehen, damit sie Preise für den Kauf und Verkauf von Aktien aushandeln können.

BÄREN

Menschen, die darauf setzen, dass die Kurse sinken, nennt man Bären. Sie verdienen aber trotz ihrer pessimistischen Einstellung Geld, indem sie sogenannte „Leerverkäufe" tätigen: Sie verkaufen Aktien zum aktuell gültigen Preis und vereinbaren dabei, sie erst später zu liefern. Wenn ihre Vorhersagen zutreffen, können sie die Aktien am vereinbarten Termin günstig kaufen und machen somit einen Gewinn.

Bärenfigur

Spekulation

Die Verlockung hoher Gewinne kann Menschen dazu verleiten, ihr Geld für riskante Investitionen und Geschäfte einzusetzen. Dies bezeichnet man als Spekulation. Spekulanten wetten sozusagen auf den künftigen Wert bestimmter Vermögenswerte wie Aktien, Immobilien oder auch Antiquitäten und hoffen, dabei hohe Gewinne einzustreichen. Sie können auf steigende und auch auf fallende Preise wetten. Wenn ihre Vorhersagen zutreffen, sind sie hinterher reicher, wenn nicht, haben sie Pech – besonders, wenn sie das Geld für ihre Wette nur geliehen hatten. Der Unterschied zu Investoren liegt darin, dass diese ihr Geld langfristig für produktive Zwecke einsetzen. Spekulanten dagegen wetten mit ihrem Geld und hoffen auf schnelle, hohe Gewinne. Spekulanten haben oft großen Einfluss auf die Märkte und können Preisumschwünge und Krisen verursachen. Wenn sie plötzlich in Grundstücke und Häuser investieren, weil sie Preissteigerungen erwarten, führt allein ihre Nachfrage schon zu erhöhten Preisen und manchmal sogar dazu, dass der Markt völlig außer Kontrolle gerät.

GOLDRAUSCH

Im Jahr 1848 wurden in dem Wasser eines Sägewerks in Coloma (Kalifornien, USA) Spuren von Gold entdeckt. Hunderttausende Menschen aus Amerika und der ganzen Welt strömten daraufhin nach Kalifornien, um nach Gold zu suchen. Die Entdeckung führte zu wilden Spekulationen auf dem Grundstücksmarkt. Die Leute kauften und verkauften Grundstücke, auf denen Goldfunde erwartet wurden. Viele machten dabei ein Vermögen, aber es gab auch viele, die Geld verloren, besonders als das Gold irgendwann zur Neige ging. Die Wirkung des Goldrauschs auf die kalifornische Wirtschaft war jedoch langfristig positiv: Neue Märkte entstanden und die Bevölkerung wuchs in nur zehn Jahren von 100 000 auf 380 000.

Aktienhändler   *Möglicher Investor*

DIE SÜDSEE-BLASE

1720 wurde Großbritannien vom Aktienfieber gepackt. Die „Südsee-Blase" wurde ausgelöst, als die Südsee-Kompanie die alleinigen Handelsrechte mit Südamerika erhielt. Ihr Aktienkurs schoss in die Höhe und der Boom auf dem Markt führte dazu, dass auch andere Aktien wie wild gekauft wurden, als es keine Südsee-Aktien mehr gab. Als die Firma dann nicht den erwarteten Gewinn machte, platzte die Blase. Die Kurse fielen ins Bodenlose und viele Menschen waren ruiniert. Das Gemälde zeigt den Aktienhandel in der Exchange Alley von London.

DAS SPIEL DES LEBENS
Spekulation ist manchmal auch vorteilhaft. Versicherungen bezahlen ihren Kunden Geld, wenn sie Opfer von Diebstahl, Krankheit oder Unfällen werden. Es ist ein Glücksspiel, denn wenn der Schaden groß ist, können die Zahlungen sehr hoch sein. Da jeder Kunde monatlich einen kleinen Beitrag bezahlt, erhält die Versicherung genug Geld, um von Zeit zu Zeit hohe Summen auszuzahlen. Wenn sie jedoch plötzlich mehr zahlen müssen als vorhergesehen, kommt es vor, dass sie Verluste machen.

ZUSAMMENBRUCH EINER BANK
Unerlaubte Spekulationen können riesige Schäden verursachen. 1995 ging die 232 Jahre alte Barings Bank pleite, als ein Angestellter 827 Mio. Pfund an der Börse verspielte. Nick Leeson hatte ohne Wissen seiner Chefs einen großen Teil des Gelds der Bank investiert. Er setzte darauf, dass sich der japanische Aktienmarkt über Nacht nicht stark verändern würde. Doch nach einem schweren Erdbeben stürzten die Kurse ins Bodenlose. Leeson verbrachte wegen Betrugs vier Jahre Haft in einem Gefängnis in Singapur.

Rennjockey

WETTEN AUF EIN ERGEBNIS
Der Preis von Grundstücken und Häusern (oder anderen Vermögenswerten, die weiterverkauft werden) wird durch ihren voraussichtlichen zukünftigen Wert beeinflusst. Meint ein Spekulant, dass der aktuelle Preis weit unter dem zukünftigen Wert liegt, kauft er z. B. ein Haus und profitiert davon, dass er es später viel teurer wieder abgibt. Auch Rennwetten sind eine Art von Spekulation. Man wettet auf ein Pferd, von dem man glaubt, dass es gewinnen wird. Wenn die Buchmacher (die Leute, die die Wette anbieten) dem Pferd den Sieg nicht zutrauen, bieten sie hohe Gewinne auf Siegwetten an. Geht das Pferd tatsächlich als Erster durchs Ziel, erhält der Spieler sehr viel Geld.

Hochs und Tiefs

Die Wirtschaft durchläuft Zyklen mit Höhen und Tiefen. Nehmen die wirtschaftlichen Aktivitäten zu, werden neue Firmen gegründet und es wird viel Geld verdient. Das führt meist zu einem Aufschwung (Hochkonjunktur). Oft folgt darauf eine Phase des Abschwungs, in der die Wirtschaft abkühlt. Dann gehen viele Firmen pleite und Menschen verlieren ihre Arbeitsplätze. Dauert eine solche Phase länger, spricht man von einer Rezession. Auf- und Abschwung werden oft durch dramatische Veränderungen ausgelöst, beispielsweise durch neue technische Erfindungen oder Ernteausfälle. Weder Hochkonjunktur noch Rezession sind gut für die Wirtschaft, weil beide langfristig die Stabilität gefährden. Die Regierungen streben stattdessen nach gleichmäßigem und stetem Wachstum.

HERDENTRIEB

Im Jahr 1873 brach die New Yorker Börse ein, als die Bank, die das Projekt einer Eisenbahnstrecke zum Pazifik finanzierte, pleiteging. Da viele Leute sehr viel Geld in den Ausbau des Eisenbahnnetzes gesteckt hatten, brach auf dem Markt eine Panik aus und die Aktienkurse sanken rapide. Völlig kopflos, wie die Schafe in einer Herde, holten die Menschen einer nach dem anderen ihr Geld von der Bank und verkauften ihre Aktien.

Nach dem Crash an der New Yorker Börse 1873 rennen Leute in Panik auf die Straße.

VERBINDUNGEN

In den 1920er-Jahren erleichterten Geräte wie Telefon und Radio die Kommunikation. Da die Menschen dadurch mehr Geschäfte abwickeln konnten, wurde ein wirtschaftlicher Aufschwung eingeleitet und es folgten die „Wilden Zwanziger". Dieses Bild zeigt ein Telefon aus dieser Zeit. Es besteht aus Bakelit (erster wirklicher Kunststoff).

DIE WELTWIRTSCHAFTSKRISE

Eine Depression ist eine extreme Rezession, in der die wirtschaftliche Aktivität dramatisch zurückgeht und Millionen von Menschen ihre Arbeit verlieren. Während der Weltwirtschaftskrise in den 1930er-Jahren sank die Wirtschaftsleistung um ein Drittel und die Arbeitslosigkeit stieg in allen großen Volkswirtschaften auf 25 % oder noch höher. Sie war die bisher schwerste Depression, ausgelöst durch den „Wall Street Crash" von 1929, bei dem die Aktienkurse plötzlich einbrachen. Die Wall Street ist die Adresse der New Yorker Börse und das Zentrum der New Yorker Finanzwelt.

Während der Weltwirtschaftskrise stehen arbeitslose Männer Schlange für ein kostenloses Mittagessen in New York (USA).

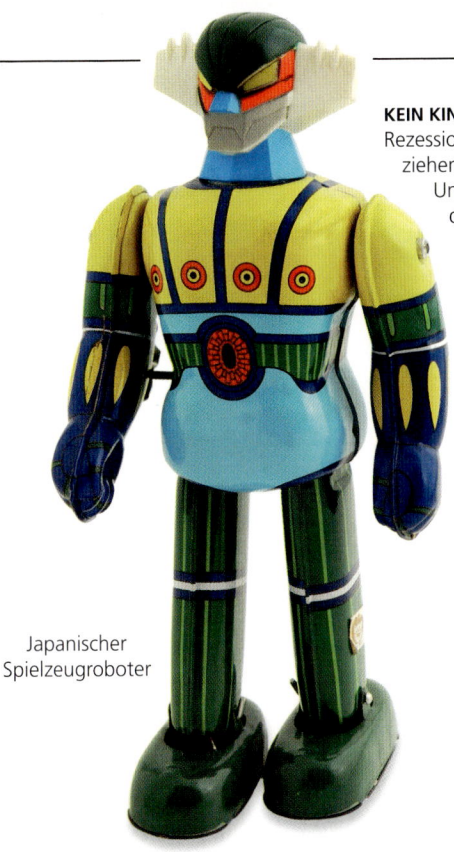

Japanischer Spielzeugroboter

KEIN KINDERSPIEL

Rezessionen und Depressionen sind zwar schmerzhaft, ziehen aber oft günstige Folgen nach sich. Schwache Unternehmen gehen unter und alte Methoden werden durch neue, bessere ersetzt. 1945, am Ende des Zweiten Weltkriegs, war Japan bankrott, doch das spornte das Land zu einem Neubeginn an. Die japanische Wirtschaft, u. a. auch die Spielzeugindustrie, wuchs zwischen den 1960er- und 1980er-Jahren sehr schnell.

Steile Erhöhung – Hochkonjunktur
Tiefes Tal – Markt in der Rezession
Rezession von 2008–2009
Der Markt wächst gleichmäßig.
5000
4000
3000
2000
1000
0
1994 1995 1996 1997 1998 1999 2000 2001 2002 2003 2004 2005 2006 2007 2008 2009

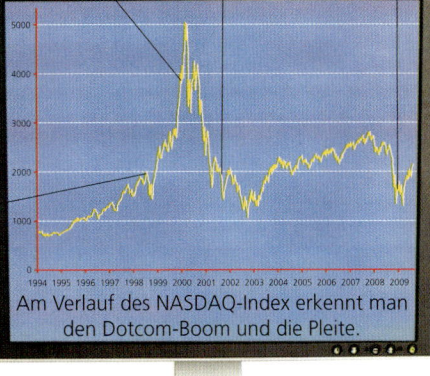

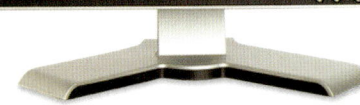

Am Verlauf des NASDAQ-Index erkennt man den Dotcom-Boom und die Pleite.

DER DOTCOM-CRASH

In den 1990er-Jahren entstand eine riesige Spekulationsblase um Computer- und Internetfirmen, deren Kurse stark anstiegen. Die Investoren steckten wesentlich mehr Geld in Firmen im Bereich Informationstechnologie (IT), als sie, realistisch gesehen, je zurückerwarten konnten. Bei dem folgenden „Dotcom-Crash" verloren diese Leute einige Milliarden Dollar.

TIGERSTAATEN

Diese Schiffe gehören Samsung Heavy Industries, einem der erfolgreichsten Unternehmen in Südkorea. Der Schiffsbau trägt in den letzten Jahren sehr stark zum Wirtschaftsaufschwung in dem Land bei. In den 1980er- und 1990er-Jahren erlebten viele Länder Asiens einen ähnlichen Aufschwung. Man nennt sie seither „Tigerstaaten".

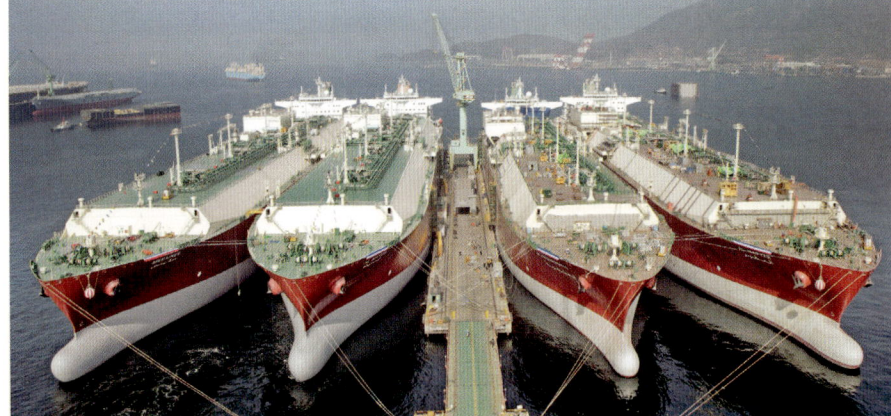

Diese Frachtschiffe sind ein Zeichen für den Boom der südkoreanischen Wirtschaft.

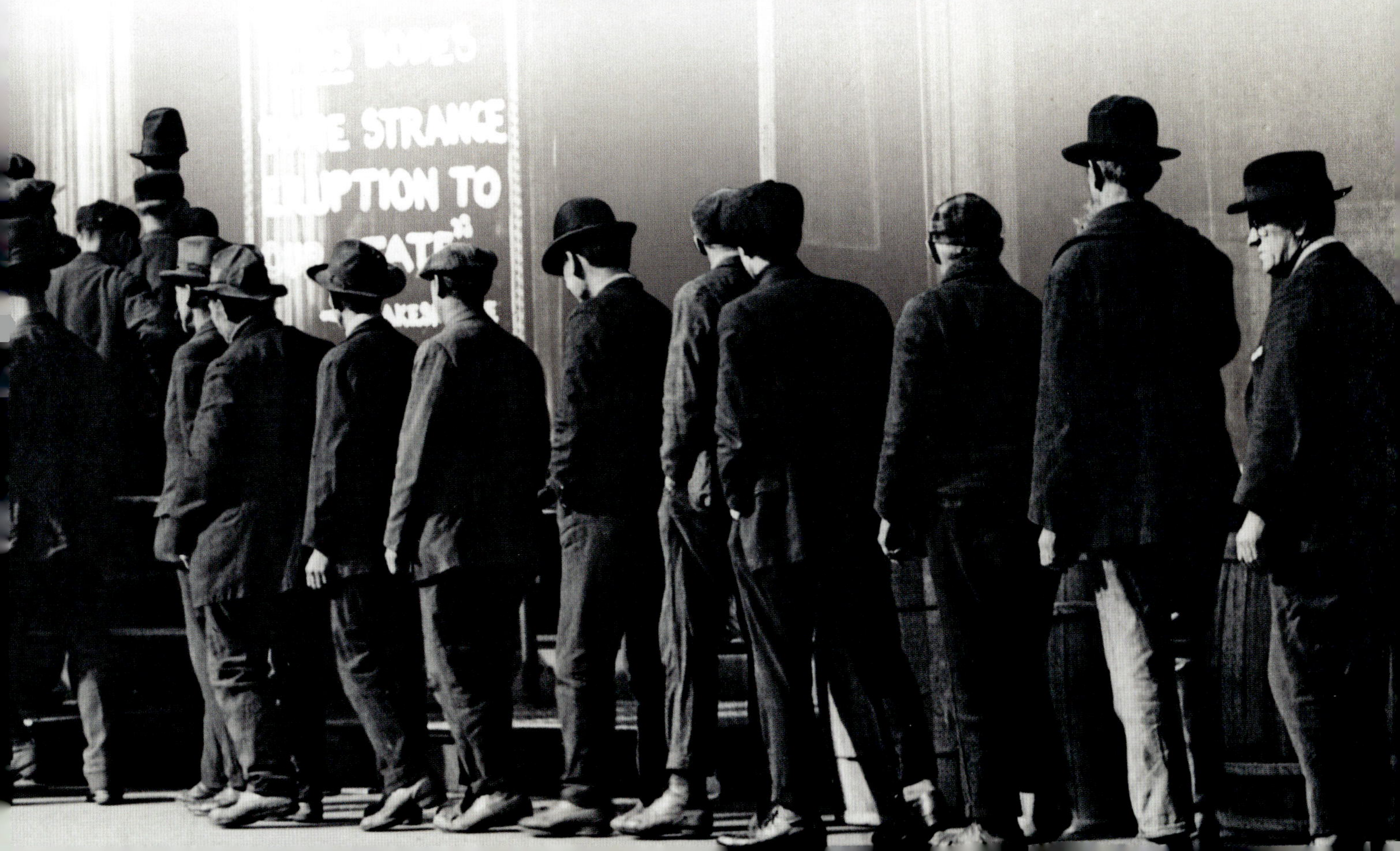

Kreditkrise

Das Geld der Sparer wird von den Banken an Privatpersonen und Unternehmen verliehen. Zahlen die Kreditnehmer es nicht zurück, wird das Geld der Banken knapp. Sie verleihen dann weniger, damit sie Sparern, die ihr Geld abheben wollen, ihr Geld auszahlen können. Wenn die Banken aber nichts mehr verleihen, werden die Kredite knapp – es entsteht eine Kreditkrise. Da die moderne Wirtschaftswelt ohne Kredite nicht funktioniert – Familien können keine Häuser kaufen, Unternehmen keine Fabriken bauen –, leidet darunter die gesamte Wirtschaft. Im Jahr 2008 lösten Banken, die zu viel Geld an Leute verliehen hatten, die es kaum zurückzahlen konnten, eine weltweite Kreditkrise aus. Regierungen mussten riesige Summen aufbringen, um die Banken zu retten und den Zusammenbruch der nationalen Wirtschaften abzuwenden. Dafür werden die Steuerzahler noch lange Jahre bezahlen müssen.

ABSTURZ DER AKTIENKURSE
Durch die Kreditkrise brachen weltweit die Finanzmärkte ein. Unternehmen, die neue Aktien ausgeben wollten, um mehr Geld zur Verfügung zu haben, bekamen große Probleme, da ihre Aktien plötzlich weniger wert waren. Da auch Renten- und Sparfonds häufig in Aktien investieren, um ihren Wert zu erhöhen, erlitten auch viele Millionen Sparer Verluste.

Eigentümer mussten ihre Häuser verlassen, weil sie ihren Kredit nicht zurückzahlen konnten.

HAUSEIGENTÜMER IN SCHWIERIGKEITEN
Die Wurzeln der Kreditkrise von 2008 sind im amerikanischen Markt für Häuserkredite zu finden. Kann der Kreditnehmer die Raten nicht abzahlen, kann die Bank das Haus als Gegenleistung fordern. Da die kurzfristigen Gewinne sehr hoch waren, gewährten die Banken immer öfter sehr riskante Kredite auch für Personen, die sie wahrscheinlich nicht zurückzahlen konnten. Solange die Hauspreise stiegen, waren die Banken sicher, da die Häuser mehr wert waren als die Kredite. Doch die Hauspreise begannen zu sinken. Die Banken versuchten, das Risiko zu vermindern, bündelten die riskanten Kredite mit sicheren Krediten und verkauften sie an andere Banken weiter. Doch dies führte nur zur Ausweitung der Krise.

Eine arbeitslos
gewordene
Angestellte ver-
lässt die Bank
Lehman Brothers.

MENNSKA FRAMTÍÐ

STÖÐVUM SPILLINGUNA!

VÉR MÓTMÆLUM ÖLL

EIN LAND WIRD ZAHLUNGSUNFÄHIG
Die Wirtschaft Islands war besonders stark von der Kreditkrise betroffen, weil sich die Banken dort auf hoch riskante Geschäfts-praktiken spezialisiert hatten. Die Schulden der drei größten Banken betrugen mehr als das 6-Fache des BIP (S. 44–45), bevor sie zusam-menbrachen. Die isländische Regierung musste zurücktreten und die isländische Währung verlor über zwei Drittel ihres Werts.

RETTUNG DURCH DIE REGIERUNG
Am 13. September 2007 bildeten sich vor den Zweigstellen der Bank Northern Rock in Großbritannien lange Schlangen, denn laut Gerüchten war die Bank in Schwierigkeiten. Die Kunden hoben an einem Tag über 1 Mrd. Pfund ab, bis die Regierung versprach, die Spareinlagen der Bank zu garantieren. Sechs Monate später war die Bank verstaatlicht (im Besitz der Regierung). In der Kredit-krise retteten viele Regierungen ihre Banken, indem sie ihnen Geld liehen, um die Sparer auszubezahlen.

BANKROTTE BANKEN
Im September 2008 erklärte die amerikanische Invest-mentbank Lehman Brothers ihre Zahlungsunfähigkeit, nachdem sie Schulden in Höhe von 600 Mrd. Dollar angehäuft hatte. Die Vermögenswerte der Bank betrugen zwar auch viele Milliarden Dollar, doch sie konnte nicht einmal genug verkaufen, um ihre Zinsen zu bezahlen. Es war die größte Unternehmenspleite in den USA und Tausende Angestellte verloren ihre Arbeit.

*US-Finanzminister
Timothy Geithner*

*US-Präsident
Barack Obama*

VERSCHÄRFTE KONTROLLEN
Einer der Hauptgründe für die Kreditkrise waren auch fehlende Kontrollen der Regie-rung. Es gab keine Gesetze oder Regeln, die verhinderten, dass die Banken mit ihren riskanten Geschäften der Wirtschaft schadeten. Die Banken förderten die Risikofreude, indem sie ihren Mitarbei-tern hohe Boni bezahlten, wenn sie ihre Verkaufsziele erreichten, und sie ver-liehen Geld an Leute, die es kaum zurückzahlen konnten. In Zukunft müssen die Banken wohl größere Geldreserven für Notfälle zurück-legen. Vertreter der USA und anderer wichtiger Wirtschafts-nationen treffen sich häufig, um neue Regeln für den Finanzsektor auszuarbeiten.

*Ausverkauf wegen
Geschäftsaufgabe*

ALL STOCK REDUCED! **STORE CLOSING** **EVERYTHING MUST GO!**

DIE KRISE ZIEHT WEITE KREISE
Wegen der engen Verflechtungen in der Wirtschaft greifen Probleme oft auf viele Bereiche über. So auch in der Kreditkrise von 2008. Die Probleme einiger Kreditgeber, die sich wegen der hohen Gewinne auf riskante Kredite spezialisiert hatten, lösten eine Kettenreaktion aus, die fast alle Arten von Unternehmen in Mitleidenschaft zog. Da die Banken kaum mehr Geld verliehen oder es sogar zurückforderten, um ihre Verluste auszugleichen, wurden viele andere Firmen in den Ruin getrieben.

Aufgaben der Regierung

Regierungen übernehmen Aufgaben, die privaten Personen und Unternehmen nicht anvertraut werden können, weil es um das Allgemeinwohl des Staats geht: zum Beispiel Schutz der Staatsgrenzen, Straßenbau, Bildung oder Unterstützung für Bedürftige. Auch der Unterhalt der Polizei ist Regierungsaufgabe, weil Einzelpersonen sie statt zum Schutz der Öffentlichkeit zum eigenen Schutz einsetzen könnten. Regierungen sorgen für die Grundversorgung all der Bürger, die sich selbst keine Nahrung, Kleidung und Wohnung leisten können. Privatpersonen und -unternehmen sind dazu nicht in der Lage, weil sie Gewinn machen müssen. Regierungen werden durch Gesetze ermächtigt, diese Aufgaben zu übernehmen. Das nötige Geld bekommen sie von der Bevölkerung durch Steuern.

UNSER TÄGLICHES BROT

Wichtige Dinge wie Nahrungsmittel werden manchmal von der Regierung subventioniert (d. h. sie trägt einen Teil der Kosten), damit sie für alle erschwinglich sind. Die ägyptische Regierung subventioniert Brot, denn sonst könnten viele arme Menschen im Land nicht genug zu essen kaufen.

KOSTENLOSE BILDUNG

In den meisten Ländern ist der Schulbesuch kostenlos, damit genügend gebildete Arbeitskräfte heranwachsen. So können auch die Kinder aus armen Familien zur Schule gehen. Für diese Kinder in Vietnam ist die Grundschule kostenlos. In den meisten entwickelten Ländern kostet der Schulbesuch bis zur Universität nichts.

DAS WOHL DES VOLKES

Regierungen sorgen auch für die Gesundheit und das Wohlergehen der Bürger – z. B. werden mit Steuergeldern Krankenhäuser gebaut oder Arbeitslose unterstützt. Viele entwickelte Länder sorgen speziell auch für alte Menschen: Die Regierung lässt Altersheime bauen, bezahlt Renten und Pensionen und bietet eine kostenlose medizinische Versorgung.

NATIONALE SICHERHEIT

Selbst wenn private Unternehmen oder Personen sich eine Armee leisten könnten, wäre es gefährlich, das zu erlauben, weil es dann zu Machtkämpfen oder Bürgerkriegen kommen könnte. Für Lohn, Uniformen und Ausrüstung dieser Kadetten der US-Armee bezahlt daher die Regierung.

Die sechsspurige Akashi-
Kaikyo-Brücke ist mit 3911 m
die längste Hängebrücke
der Welt. Die Kosten (5 Mrd.
Dollar) trug die japanische
Regierung. Von Regierungen
wird meist erwartet, dass sie
die Infrastruktur ihres Landes –
also z. B. Straßen, Brücken und
Eisenbahnstrecken – bauen
und erhalten. Diese Einrichtungen nützen der ganzen
Wirtschaft, wären aber für
ein einzelnes Unternehmen
zu teuer.

ENERGIE FÜR ALLE
Würde etwas so wichtiges wie Energie nur von einem Unternehmen
produziert, könnte es sehr hohe Preise verlangen und alle müssten sie
bezahlen. Die Regierung hat drei Möglichkeiten, das zu verhindern:
Sie kann das Unternehmen verstaatlichen (die Leitung übernehmen),
dem Unternehmer faire Preise vorschreiben oder Gesetze erlassen, die
dafür sorgen, dass andere Unternehmen dasselbe Produkt herstellen
können, sodass Wettbewerb entsteht. In Deutschland wird der Strom
z. B. zwar von privaten Unternehmen produziert und verkauft, aber
diese werden von der Regierung streng reguliert.

Die Akashi-Kaikyo-Brücke
in Kobe (Japan) bei Nacht

Wirtschaftsleistung

Die Wirtschaftsleistung eines Landes lässt sich messen. Die Regierung beobachtet, wie sich bestimmte Messwerte im Lauf der Zeit entwickeln, und erkennt so, ob ihre Maßnahmen richtig sind oder ob sie etwas verändern muss. Einer dieser Messwerte ist das Bruttoinlandsprodukt (BIP), also der Wert aller Güter und Dienstleistungen, die in einem Jahr im Land produziert werden. Da sich damit die Einkommen verschieden großer Länder aber nur schwer verlgeichen lassen, verwendet man dazu meist den Wert „BIP pro Kopf". Dabei wird das BIP eines Landes durch die Bevölkerungszahl geteilt. Außerdem messen Regierungen oft noch die Inflation (Preissteigerungsrate), die Arbeitslosigkeit (die Zahl der arbeitslosen Menschen) und die Bildungsstandards in den Schulen. Auch ihre eigenen Ausgaben müssen Regierungen Jahr für Jahr überwachen und vorausplanen.

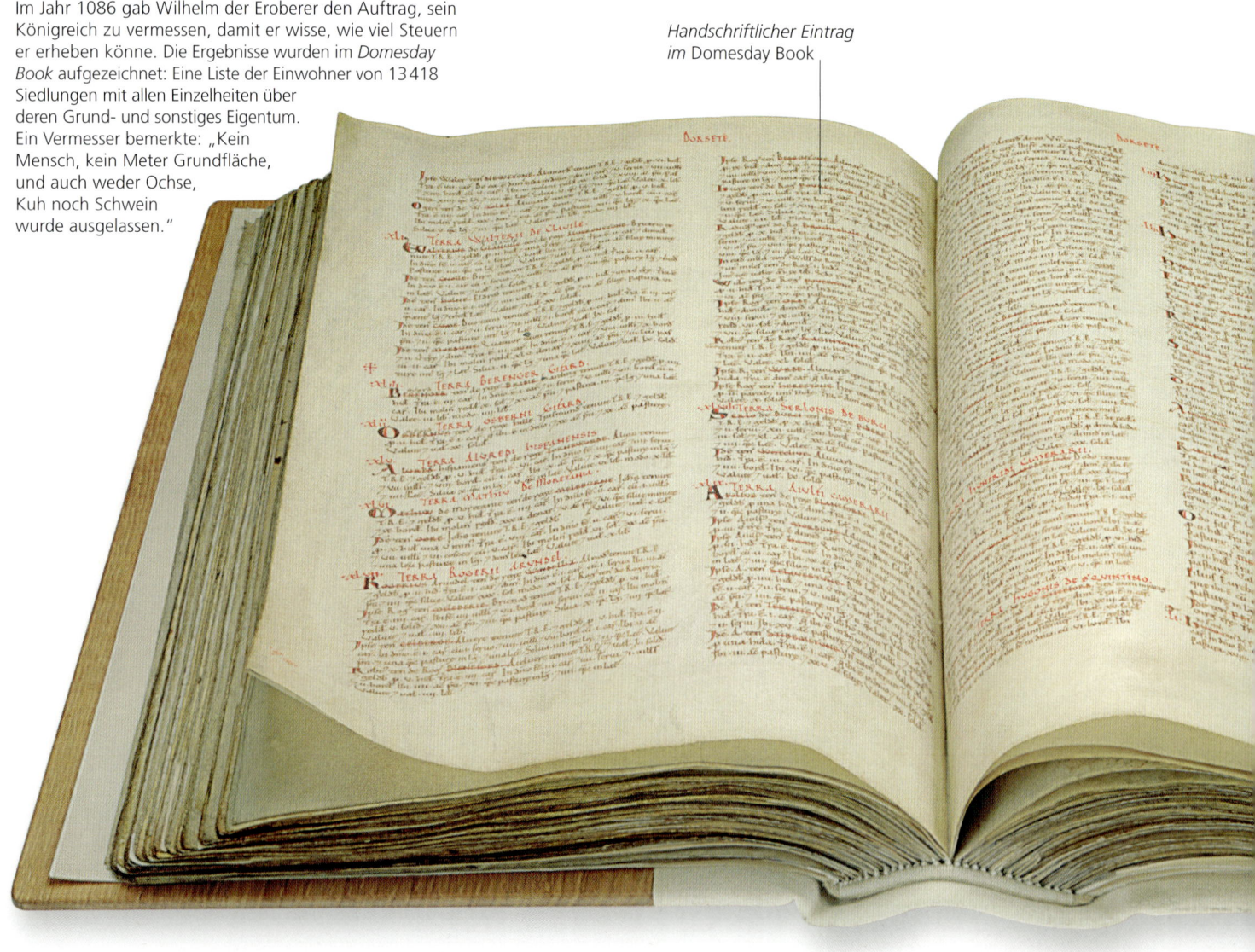

BIP UND WACHSTUM

Das BIP von Brasilien stieg von 2000–2007 fast um das Dreifache. Verfolgt man das BIP eines Landes über die Jahre, sieht man, wie stark die Wirtschaft wächst oder schrumpft. So können Regierungen vorausplanen und Investoren Entscheidungen treffen. Wachstum hat viele Vorteile: Unternehmen gedeihen und die Einnahmen der Regierung steigen ebenso wie Einkommen und Lebensstandard der Menschen. Zu schnelles Wachstum verursacht jedoch Probleme, z. B. Spekulationsblasen, die im Crash enden (S. 36–39).

DER WOHLSTAND EINER NATION

Im Jahr 1086 gab Wilhelm der Eroberer den Auftrag, sein Königreich zu vermessen, damit er wisse, wie viel Steuern er erheben könne. Die Ergebnisse wurden im *Domesday Book* aufgezeichnet: Eine Liste der Einwohner von 13 418 Siedlungen mit allen Einzelheiten über deren Grund- und sonstiges Eigentum. Ein Vermesser bemerkte: „Kein Mensch, kein Meter Grundfläche, und auch weder Ochse, Kuh noch Schwein wurde ausgelassen."

Handschriftlicher Eintrag im Domesday Book

WIE GLÜCKLICH SIND WIR?

1972 schlug König Jigme Singye Wangchuck von Bhutan vor, den Erfolg eines Landes nicht nur am Wirtschaftswachstum oder BIP zu messen, sondern auch an dem, was er Bruttoinlandsglück nannte (Gross National Happiness, GNH). Es sollte Faktoren wie Umweltverschmutzung und Erhalt der kulturellen Werte berücksichtigen. Leider ist GNH schwer zu messen und wird daher auch kaum als Maßstab herangezogen.

Bhutanesische Kinder
auf dem Schulweg

EIN MASS FÜR DIE ENTWICKLUNG

Das Entwicklungsprogramm der Vereinten Nationen (UNDP) vergleicht die Volkswirtschaften anhand eines Entwicklungsindexes (Human Development Index, HDI), der vier Kategorien umfasst: Lebenserwartung (wie alt werden die Menschen im Durchschnitt), BIP pro Kopf, Alphabetisierungsrate (wie viel Prozent der Erwachsenen können lesen und schreiben) und Zahl der Einwohner mit Schul- bzw. Universitätsausbildung. Das Ergebnis zeigt, ob ein Land einen hohen, mittleren oder niedrigen Entwicklungsstand hat.

STILLSTAND

Wenn die Wirtschaft weder wächst noch schrumpft, spricht man von einem Stillstand oder einer Stagnation. Welche Folgen das hat, hängt vom allgemeinen Zustand der Wirtschaft ab. Die japanische Wirtschaft stagniert seit einigen Jahren, besonders im Bereich der Elektronikindustrie, aber dennoch ist Japan weiterhin ein sehr reiches Land.

Ein nepalesisches Mädchen
trägt ihren Bruder.

ARBEIT OHNE LOHN

Kindererziehung und Haushaltstätigkeiten wie Kochen, Putzen und Waschen werden meist weder bezahlt noch in Arbeitsplatzstatistiken aufgeführt. Der weitaus größte Anteil dieser „unsichtbaren Arbeit" wird von Frauen erledigt, oft zusätzlich zu einer bezahlten Tätigkeit. Das Entwicklungsprogramm der Vereinten Nationen hat errechnet, dass 70 % der Arbeit von Frauen nicht bezahlt wird. Der Wert dieser Arbeit beträgt pro Jahr 11 Bio. Dollar.

ILLEGALE BEREICHE DER WIRTSCHAFT

Für kriminelle Geschäfte wie den Verkauf von Drogen oder gefälschten Waren sowie das Glücksspiel (an Orten, wo es verboten ist) lassen sich keine genauen Messdaten ermitteln. Da diese Geschäfte außerhalb des gesetzlichen Rahmens ablaufen, kann die Regierung daraus auch keine Steuern abschöpfen.

Rouletterad bei
verbotenem
Glücksspiel

45

Energiesparlampe

Steuern

Regierungen finanzieren ihre Vorhaben mit Steuergeldern, die sie von Privatpersonen und Unternehmen einziehen. Manche Steuern werden direkt einbehalten. Ein bestimmter prozentualer Anteil des Einkommens geht zum Beispiel direkt als Einkommensteuer ans Finanzamt. Indirekte Steuern wie die Mehrwertsteuer werden dagegen nur bezahlt, wenn man Waren einkauft. So lässt sich auch ein wenig beeinflussen, was die Leute kaufen. Wenn die Regierung die Steuern senkt, haben die Menschen mehr Geld zur Verfügung, sodass die Unternehmen mehr verkaufen, und das ist vorteilhaft für die Wirtschaft. Erhöht die Regierung die Steuern, um etwa neue Schulen und Krankenhäuser bauen zu können, bleibt den Menschen weniger Geld. Immerhin dienen die Investitionen der Regierung hoffentlich langfristig zum Vorteil der Wirtschaft.

WENIGER ODER MEHR?
Alle Waren sind mit der Mehrwertsteuer belegt. Sie dient der Regierung manchmal dazu, den Kauf bestimmter Dinge zu fördern oder einzuschränken. Auf Tabak und Alkohol werden meist hohe Steuern erhoben, damit man nicht so viel davon kaufen kann. Umweltfreundliche Produkte wie Energiesparlampen werden dagegen oft von der Steuer befreit, damit sie häufiger gekauft werden.

PROGRESSIVE BESTEUERUNG
Bei einer progressiven Steuer bezahlen Menschen mit hohem Einkommen einen höheren Prozentsatz als Menschen mit niedrigem Einkommen. Der deutsche politische Philosoph Karl Marx (1818–1883) sprach sich sehr stark dafür aus, denn wenn die Reichen mehr bezahlen als die Armen, wird der Wohlstand einer Gesellschaft gerechter verteilt.

REAKTION DER MENSCHEN
Manchmal haben Steuern auch ungünstige Auswirkungen auf das Verhalten. Als die niederländische Regierung im 17. Jh. die Grundsteuer nach der Größe der Häuserfronten bemaß, bauten die Leute nur noch sehr schmale Häuser, die dafür sehr weit nach hinten reichten. Als die britische Regierung 1696 eine Steuer nach der Zahl der Fenster bemaß, mauerten die Leute einfach einige Fenster wieder zu.

Uniform und Gewehr eines Unionssoldaten

KRIEG IST TEUER
Den weitaus größten Teil der Steuereinnahmen der Regierung bildet in den meisten Ländern die Einkommensteuer. Im amerikanischen Bürgerkrieg (1861–1865) führte die Regierung der Nordstaaten (Union) zum ersten Mal in den USA eine Einkommensteuer ein, um Waffen und Truppen für den Kampf gegen die Südstaaten (Konföderation) zu finanzieren.

REGRESSIVE BESTEUERUNG

Bei regressiven Steuern bezahlen die Armen einen höheren Prozentanteil des Einkommens als die Reichen. 1989 führte die britische Regierung die *poll tax* (Kopfsteuer) ein: Jeder Einwohner einer Region musste denselben Betrag zahlen, unabhängig von seinem Vermögen. Doch die Regierung musste die Steuer zurücknehmen, weil die Bevölkerung teilweise mit Gewalt protestierte.

Protest gegen die Kopfsteuer

SICHERER HAFEN

Monte Carlo, die Hafenstadt in dem winzigen Land Monaco, sieht nicht nur paradiesisch aus: „Steuerparadiese" wie Monaco ziehen reiche und berühmte Leute an, weil sie dort wenig oder gar keine Steuern bezahlen müssen. Da Monaco seinen Einwohnern Steuervorteile bietet, kaufen die Leute dort teure Immobilien, shoppen oder spielen in den Casinos. Das bringt der dortigen Wirtschaft hohe Einnahmen. Verlangt ein Staat sehr hohe Steuern, ziehen Unternehmen oft in solche Steuerparadiese um.

LUXUSSTEUERN

Regierungen behaupten oft, dass Steuern auf Luxusgüter wie Schmuck gerecht und progressiv sind, weil ja niemand gezwungen ist, diese Dinge zu kaufen. Auch sie müssen jedoch wohlüberlegt bemessen werden, sonst schaden sie den Herstellern der Luxusgüter und damit auch den Beschäftigten dieser Unternehmen. Außerdem ändert sich die Wahrnehmung von Luxus manchmal im Lauf der Zeit. In Norwegen wird eine 1922 eingeführte Steuer auf Schokolade heute noch erhoben, obwohl Schokolade schon lange kein Luxusgut mehr ist.

Schmale Häuserfronten in Amsterdam (Niederlande)

Inflation

Inflation bedeutet Preissteigerung – es steigt nicht nur der Preis einer Ware, sondern der aller Waren und Dienstleistungen in einer Volkswirtschaft. Preise werden durch Angebot und Nachfrage geregelt. Wenn die Leute viel Geld zur Verfügung haben, aber nicht genug Güter hergestellt oder importiert werden können, steigen die Preise und es entsteht eine Inflation. Wenn die Leute dagegen mehr sparen und weniger ausgeben, bleiben die Läden auf ihren Waren sitzen. Die Preise sinken und es entsteht eine Deflation. Die Inflation hängt auch vom Preis wichtiger Güter wie Erdöl und von der Geldmenge ab, die von der Zentralbank der Regierung in Umlauf gebracht wird. Die Inflationsrate wird in Prozent angegeben: Eine Rate von 2 % pro Jahr bedeutet, dass die Waren 2 % mehr kosten als im Vorjahr. Sowohl eine hohe Inflation als auch eine hohe Deflation wirkt sich schlecht auf die Wirtschaft aus.

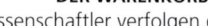

DER WARENKORB
Wirtschaftswissenschaftler verfolgen die Preisentwicklung innerhalb der Volkswirtschaften und ihre Auswirkungen auf die Haushaltsplanung der Menschen anhand eines „Warenkorbs": einer Auswahl von Waren, die ein durchschnittlicher Haushalt braucht. Der Inhalt des Warenkorbs ist je nach Land verschieden und ändert sich auch mit der Zeit. In armen Ländern besteht er hauptsächlich aus Nahrungsmitteln und der Miete. Je reicher eine Gesellschaft ist, desto mehr teure Konsumgüter wie Elektrogeräte und Urlaubsreisen werden in den Warenkorb aufgenommen.

Notenbank der USA (US Federal Reserve) in Washington, D.C.

Eine alte Frau in Russland erhält im Winter eine kostenlose warme Mahlzeit.

MASSNAHMEN GEGEN DIE INFLATION
Regierungen beauftragen ihre jeweilige Zentralbank – wie hier die US-Notenbank – damit, den Geldumlauf zu regeln. Die Zentralbanken versuchen, die Inflation auf einem mittleren Niveau zu halten, sodass die Preise relativ stabil bleiben. Dazu erhöhen oder senken sie die Zinsen (die Gebühren für Kredite). Bei einer Deflation werden die Zinsen z. B. gesenkt, damit die Leute Kredite aufnehmen und mehr Geld ausgeben können.

DIE AUSWIRKUNGEN AUF DIE MENSCHEN
Eigentümer von Vermögenswerten mit steigendem Preis (z. B. Häuser) profitieren von einer Inflation. Beschäftigte, deren Löhne entsprechend der Inflationsrate steigen, haben zumindest keine Nachteile. Für Unternehmen bedeutet Inflation jedoch zusätzliche Kosten und Unsicherheit, weil sie die Preise laufend ändern müssen und nur kurzfristig planen können. Die größten Verlierer sind die, die von festen Einkommen leben müssen, z. B. Rentner. Wenn die Preise steigen, können sie immer weniger kaufen. In den 1990er-Jahren mussten viele alte Leute in Russland große Not erdulden, denn viele von ihnen bezogen nur eine winzige staatliche Rente.

HYPERINFLATION

Gerät die Inflation außer Kontrolle, spricht man von Hyperinflation. 1923 ließ die deutsche Regierung viel Geld drucken, um die Kriegsschulden zu bezahlen. Die Preise verdoppelten sich alle zwei Tage, Ersparnisse verloren jeden Wert. Geldscheine wurden sogar zum Anzünden des Kamins verwendet! Ende 1923 wurde eine neue Währung eingeführt und die Wirtschaft stabilisierte sich.

Deutsche Kinder spielen im Jahr 1923 mit wertlosen Reichsmark-Scheinen.

Warteschlange an einer britischen Tankstelle zur Zeit der Ölkrise von 1973

ÖLKRISE

Müssen Unternehmen für die Herstellung oder den Transport ihrer Waren mehr bezahlen, erhöhen sie in der Regel ihre Preise entsprechend. 1973 unterbrach ein Krieg im Nahen Osten die weltweite Ölversorgung, wodurch der Ölpreis auf das 4-Fache anstieg. Da man Öl nicht nur für den Transport, sondern für Tausende von Produkten und Herstellungsprozessen braucht, stiegen in den Öl importierenden Ländern die Preise in fast allen Wirtschaftsbereichen, sodass die Inflation stark angeheizt wurde.

DER TOD EINER WÄHRUNG

Die größte Hyperinflation in jüngster Zeit herrschte von 2004–2009 in Simbabwe. Als die Landwirtschaft einbrach und die Steuereinnahmen sanken, pumpte die Zentralbank riesige Geldmengen in die Wirtschaft. Irgendwann wurden Banknoten mit einem Wert von 100 Bio. Simbabwe-Dollar gedruckt, als die monatliche Inflationsrate auf über 76 Mrd. % kletterte! 2009 wurden übergangsweise der US-Dollar und der südafrikanische Rand verwendet, bis die Regierung eine neue Währung einführte.

Obst kostete mehrere 500 000-Mrd. Simbabwe-Dollarscheine!

Schattenwirtschaft

Schießereien zwischen Gangstern, wilde Verfolgungsjagden, Piraten auf hoher See, Schmuggler und blutige Mafiafehden – das ist der Stoff für spannende Hollywood-Filme. Grundlage dafür sind aber wahre Geschichten von kriminellen (gesetzlich verbotenen) Geschäften, die man als Schattenwirtschaft bezeichnet: Dazu gehören u. a. die illegale Verbreitung von Drogen und Alkohol, Schmuggel verbotener Waren, Glücksspiel, der Verkauf gefälschter Waren sowie das Kopieren von DVDs, Computer-Software und das illegale Herunterladen von Dateien aus dem Internet. Derartige Geschäfte werden in riesengroßem Maßstab getätigt – in armen Ländern beträgt der Wert dieser Schattenwirtschaft oft ein Drittel des Werts der legalen Wirtschaft. Die Regierungen würden sie gern beseitigen, weil die angebotenen Waren und Dienstleistungen oft gefährlich sind und ernste soziale Probleme verursachen. Da Straftäter auch keine Steuern zahlen, entgehen der Regierung zudem hohe Einnahmen.

GELD ODER LEBEN
Vom 13.–18. Jh. war die Piraterie ein ernsthaftes Problem. Piraten mit Totenkopfflagge gibt es zwar nicht mehr, aber gefährlich ist es auf See heute noch, besonders vor der Küste Somalias (Ostafrika). Waren, die von Piraten gestohlen und verkauft werden, sind ein großer Verlust für die Wirtschaft.

AB IN DEN GULLY
Um 1920 erließ die Regierung der USA ein Gesetz, das den Verkauf von Alkohol verbot. Dieses sogenannte Prohibitionsgesetz löste eine ganze Welle von Straftaten aus. Brennerei, Transport und Verkauf von illegalem Alkohol – man nannte es *bootlegging* – waren einträgliche Geschäfte, um die sich zahlreiche Banden rissen. Angesehene Bürger trafen sich mit den Gangstern in Bars, die als Eisdielen getarnt oder in Kellern versteckt waren. Fand die Polizei bei Razzien Alkohol, wurde er oft einfach in den Abfluss geschüttet.

GANGSTERBOSS
Al „Scarface" Capone war ein berüchtigter Verbrecher in Chicago (USA) zur Zeit des Alkoholverbots (Prohibition). Zwischen 1920 und 1930 kontrollierte er ein illegales Imperium, das rund 100 Mio. Dollar pro Jahr einbrachte. Am einträglichsten war der Schmuggel von Alkohol und anderen Waren. Capone fuhr in einem gepanzerten, kugelsicheren roten Cadillac umher. „Ich bin nur ein Geschäftsmann, der den Leuten gibt, was sie wollen", sagte er von sich. Verurteilt wurde er schließlich wegen unterlassener Steuerzahlung.

GELD IM ÜBERFLUSS
Die russische Mafia besteht aus Verbrecherbanden, die die illegale Wirtschaft kontrollieren. Viele Mitglieder pflegen einen luxuriösen Lebensstil mit Prunkkarossen wie dieser hier. Schon zur Zeit des Kommunismus blühten in Russland die illegalen Geschäfte. Verbotene Waren wie Jeans und Elektronikgüter wurden mit hohem Gewinn verkauft. Nach dem Ende des Kommunismus 1990 war Korruption an der Tagesordnung, weil die Gesetze nicht durchgesetzt wurden. Dabei verschaffte sich die Mafia unermessliche Reichtümer.

GEFESSELT FÜR GELD
Schmuggler bringen heimlich Waren ins Land – entweder weil die Waren illegal sind oder weil sie die Zollgebühren sparen wollen. Schmuggler lassen sich viel einfallen, damit sie nicht entdeckt werden. Dieser Mann wurde z. B. auf dem Flughafen von Los Angeles aufgegriffen, als er versuchte, seltene Singvögel in die USA zu schmuggeln. Durch Schmuggel wird der Staat um die Zollgebühren betrogen, die eigentlich bei der Einfuhr für die Waren bezahlt werden müssten.

FIX UND FERTIG
Die illegale Verbreitung von Drogen stellt weltweit ein riesiges Problem dar. Leute, die Drogen nehmen, werden oft süchtig und begehen Straftaten, um an das nötige Geld zu kommen. Mit Heroin, das aus den Samen einer Mohnart gewonnen wird, lässt sich viel Geld verdienen und die Schmuggler finanzieren damit meist noch andere kriminelle Aktivitäten.

Singvögel waren an die Beine gebunden und unter der Hose versteckt.

Echte und gefälschte Tasche von Burberry

ECHT ODER NICHT?
Markenartikel wie Armbanduhren oder Handtaschen mit dem Abzeichen eines bekannten Unternehmens sind teuer. Die Kunden zahlen dafür, weil sie auf die Qualität vertrauen. Manche Hersteller verkaufen aber gefälschte Artikel mit dem gleichen Zeichen wesentlich billiger. Der Kauf ist nicht illegal, aber der Verkauf schon, weil der Ruf und die Verkaufszahlen der Marke (hier: Burberry) darunter leiden. Markennamen sind gesetzlich geschützt.

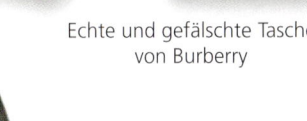

EINE ANDERE LIGA
Da Glücksspiel in Japan gesetzlich verboten ist, erhalten die Spieler des beliebten Automatenspiels *Pachinko* Elektronik- und Spielzeugpreise. An einem nahen Stand können sie sie in Bargeld umtauschen. Die Standbesitzer verkaufen die Preise wieder zurück an den *Pachinko*-Spielsaal und so weiter. Diese äußerst profitablen Geschäfte werden meist von den *Yakuza* (der japanischen Mafia) kontrolliert. Viele Leute sind davon überzeugt, dass Glücksspiel süchtig macht und Menschen und ihre Familien in den Ruin treibt.

Vergoldeter Porsche

Arbeitslosigkeit

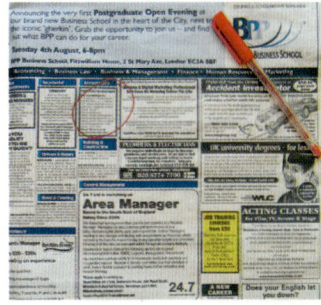

Menschen, die gern arbeiten wollen, aber keine Stelle finden, werden als „arbeitslos" bezeichnet. Da fast alle Menschen auf der Welt Arbeit brauchen, um ihren Lebensunterhalt zu verdienen, ist Arbeitslosigkeit für viele Menschen, Gesellschaften und Regierungen ein großes Problem. Familien verarmen, Gemeinden werden gespalten, Firmen verlieren Kunden und die Regierung muss viel Geld für Sozialleistungen ausgeben. Schuld an der Arbeitslosigkeit sind hauptsächlich langfristige Veränderungen der Technologie und der Produktionsmethoden, aber auch das kurzfristige Auf und Ab einer Volkswirtschaft und der Einfluss der globalen Wirtschaft auf die örtliche Arbeitsplatzsituation. Da Langzeitarbeitslosigkeit ein so schwerwiegendes Problem darstellt, ist ihre Beseitigung eine der vordringlichsten Aufgaben fast jeder Regierung.

Im Jahr 1912 tauchten in London (England) die ersten Autos zwischen den Pferdekutschen auf.

VERÄNDERUNG HAT IHREN PREIS
Bis etwa 1900 waren in den Städten Nordamerikas und Europas viele Stalljungen, Reiter, Sattler und Händler für Pferdefutter beschäftigt. 30 Jahre später gab es diese Berufe kaum mehr, da die Pferde durch Autos ersetzt worden waren. Technische Fortschritte wie die Erfindung des Autos machen oft die Beschäftigten eines ganzen Industriezweigs arbeitslos, denn ihre Fähigkeiten werden nirgendwo mehr gebraucht.

WIE IN ALTEN ZEITEN
Diese indischen Saris werden nach traditionellen Handwerksmethoden hergestellt. Weil man dazu mehr Zeit und Personal braucht, sind sie teurer als industriell produzierte Saris. Im 19. und frühen 20. Jh. wurde Indien mit billigen, maschinell gefertigten Kleidungsstücken aus Großbritannien überschwemmt und viele Textilarbeiter verloren dadurch ihren Lebensunterhalt.

SUPPENKÜCHEN
Wer keine Arbeit hat, hat manchmal nicht mehr genug Geld für Wohnung, Nahrung und Kleidung, aber in allen Gesellschaften gibt es Unterstützung. In den Ländern Westeuropas bekommt man Geld vom Staat, in anderen Ländern versorgen Wohltätigkeitsorganisationen oder religiöse Gruppen wie Kirchen oder Tempel die Menschen mit Spenden, Essen und einer Unterkunft.

EIN NEUES LEBEN BEGINNEN

Manche Menschen ziehen auf der Suche nach Arbeit um oder wandern sogar in ein anderes Land aus. Im 19. und frühen 20. Jh. zog es viele Europäer in die wirtschaftlich schnell wachsenden Länder in Nord- und Südamerika. Sie hofften auf Arbeit und schnellen Reichtum. Im frühen 21. Jh. beobachten wir eine neue Welle wirtschaftlicher Wanderung: Viele Menschen aus armen Ländern kommen in der Hoffnung auf ein besseres Leben in die Industrieländer.

Europäische Einwanderer kommen
1892 nach New York (USA).

MOBILITÄT IN DER ARBEITSWELT

Viele Tätigkeiten, die bisher in Industrieländern erledigt wurden, wie z. B. Telefonbanking-Dienstleistungen, werden nun in Schwellenländer verlegt, weil die Arbeitskräfte dort billiger sind. In Indien gibt es viele Callcenter, z. B. von großen Fluggesellschaften, über die man Flugtickets buchen kann. Die bisherigen Mitarbeiter in den Industrieländern müssen sich dann meist eine neue Stelle suchen.

ARBEITSPLÄTZE SCHAFFEN

Es gibt verschiedene Möglichkeiten, um der Arbeitslosigkeit zu begegnen. Menschen, die aufgrund technischer Fortschritte ihre Arbeit verlieren, nehmen an Fortbildungen teil, damit sie neue Tätigkeiten übernehmen können. Manchmal schafft der Staat Arbeitsplätze in Form von Beschäftigungsmaßnahmen. In Japan investiert die Regierung in große Infrastrukturprojekte wie Straßen und Brücken, um die Arbeitsplätze in der Bauwirtschaft zu erhalten. Manche Leute meinen jedoch, dass solche Projekte zu teuer sind und außerdem die Landschaft verunstalten.

Bauarbeiter bei einem Infrastrukturprojekt
auf der Insel Shikoku (Japan)

Hier erhalten Arbeitslose
in New Jersey (USA) eine
kostenlose Mahlzeit.

Globalisierung

Handel zwischen Menschen in verschiedenen Ländern gibt es seit Jahrtausenden. Aufgrund der Erleichterungen der letzten 40 Jahre in den Bereichen Verkehr und Kommunikation bewegen sich heute große Mengen an Waren, Geld und Menschen um den ganzen Globus. Je mehr die Länder ihre Grenzen öffnen, desto stärker werden die Wirtschaften verflochten. Der Handel nimmt zu, Unternehmen gründen Niederlassungen in anderen Ländern, technologische Erfindungen werden weitergegeben und die Menschen können an Orte ziehen, an denen sie bessere Arbeit finden. Diese internationale Bewegung, die Globalisierung, bringt den Menschen Vor- und Nachteile. Organisationen wie der Internationale Währungsfonds (IWF) und die Welthandelsorganisation (WTO) regulieren den Strom von Waren, Dienstleistungen und Technologie.

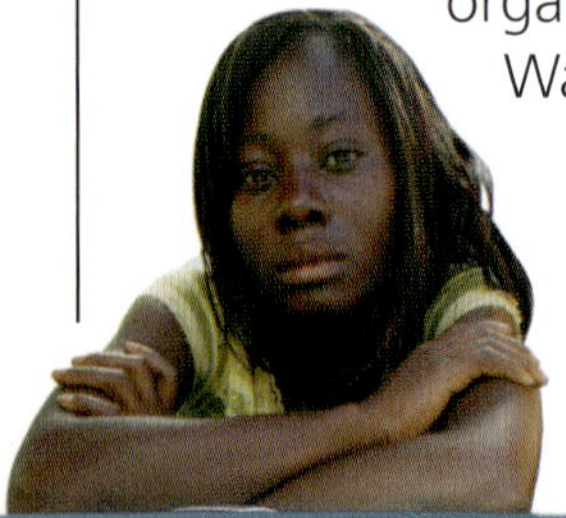

GLOBALER HANDEL
Handel verbindet oft weit voneinander entfernte Gebiete der Erde. Die Märkte des westafrikanischen Landes Nigeria werden z. B. mit Elektronikprodukten aus Ostasien überschwemmt. Vielen Menschen bringt der Handel Chancen und Wohlstand. Auf der anderen Seite ist er oft die Ursache für den Niedergang ganzer Industriezweige und Volkswirtschaften, die im globalen Maßstab nicht wettbewerbsfähig sind.

Bauern pflügen Reisfelder auf Madagaskar.

MULTINATIONALE KONZERNE
Unternehmen mit Niederlassungen in vielen Ländern nennt man „multinational". Der südkoreanische Konzern Daewoo mietet auf der Insel Madagaskar im Indischen Ozean große Flächen Land, um Nahrungsmittel für den koreanischen Markt anzubauen. Dafür investiert er in die dortige Wirtschaftsentwicklung. Viele fürchten jedoch, dass das Projekt zu Nahrungsmittelknappheit auf Madagaskar führt.

NIEDRIGE KOSTEN, HOHE PROFITE
Viele Unternehmen siedeln verschiedene Abteilungen in verschiedenen Ländern an. Die Design- und Marketingabteilungen und auch der Hauptteil der Gewinne der Textilkonzerne bleiben meist in den Industrieländern, doch genäht werden die Kleider in Entwicklungsländern wie Bangladesch, wo Arbeitskräfte billig sind. Viele halten das für ungerecht, weil die Menschen lange Arbeitszeiten haben und wenig Geld verdienen. Die Firmen halten dagegen, dass die Arbeitsplätze der dortigen Wirtschaft helfen.

ENTWICKLUNG UND GLOBALISIERUNG
Die globale Wirtschaft muss global organisiert und reguliert werden. Die WTO stellt Regeln für den Handel auf und schlichtet Konflikte. Bei der „Aid for Trade"-Konferenz 2009 in Genf (Schweiz) erklärte der Generaldirektor der WTO, Pascal Lamy, der globale Handel biete ärmeren Ländern die beste Möglichkeit, die Wirtschaft zu entwickeln. Globalisierungsgegner erwidern, dass reiche Länder oft Beschränkungen durchsetzen, die die Armut zementieren, und dies müsse die WTO vordringlich verhindern.

MOBILE ARBEITSKRÄFTE
Weil das Reisen sehr billig geworden ist, können Menschen heute weltweit nach Arbeit suchen. Dieser indische Bauarbeiter ist z. B. im arabischen Dubai beschäftigt. Auch Arbeitgeber profitieren von mobilen Arbeitskräften. Große Unternehmen suchen oft nach den besten Ingenieuren, Designern, Wissenschaftlern, IT-Experten und Managern, die die Welt zu bieten hat.

GEWINNER UND VERLIERER
Diese tragbare Computer-Festplatte ist nur eines der vielen Produkte, die im kalifornischen Silicon Valley (USA) produziert werden. Im Zuge des weltweiten Computer- und Internet-Booms zum Ende des 20. Jh. wurden Hightech-Regionen wie das Silicon Valley über Nacht steinreich. Die Autoindustrie in Michigan (USA) steht dagegen durch den globalen Wettbewerb unter sehr starkem Druck.

Reich und Arm

Seit die Menschen vor 10 000 Jahren begannen, sich in Dörfern und Städten niederzulassen und das Jagen und Sammeln aufzugeben, ist die Wirtschaftsleistung ständig gestiegen. Doch diese Leistung und der von ihr erzeugte Wohlstand waren niemals gleichmäßig verteilt. Es herrscht eine tiefe Kluft zwischen reichen und armen Ländern und auch die Einkommensunterschiede innerhalb der Gesellschaften scheinen immer mehr zuzunehmen. Ungleichmäßige Verteilung und Armut gehören heute zu den weltweit wichtigsten Problemen – und das nicht nur aus moralischen und politischen Gründen. Sie wirken auch auf die Wirtschaft zurück. Arme Bevölkerungen, die nichts kaufen können, bieten den Unternehmen keine Märkte, und gesellschaftliche Gruppen, die zu arm sind, um die Schule zu besuchen, bringen zu wenig ausgebildete Arbeitskräfte hervor. Ungleichheit bremst die wirtschaftliche Entwicklung, denn ungleiche Gesellschaften sind nicht stabil und neigen zu Konflikten.

ARMEN IST DIE TEILNAHME VERWEHRT
Armut wird manchmal auch danach definiert, ob jemand die Möglichkeit hat, an den üblichen Aktivitäten der Gesellschaft teilzuhaben. In den entwickelten Ländern zeigen Umfragen, dass ein Fernsehgerät, ein Handy und ein Anzug als Mindeststandard gelten. In weniger hoch entwickelten Ländern würde man damit bereits weit über der Armutsgrenze liegen.

UNGLEICHHEIT IN EINER GESELLSCHAFT
Diese Ansicht von São Paulo, der reichsten Stadt Brasiliens, macht die enormen Unterschiede in der Gesellschaft deutlich. Im Vordergrund liegt ein Slum mit behelfsmäßigen Behausungen, im Hintergrund ragen die Hochhäuser mit den Wohnungen der Wohlhabenden in den Himmel. In den Städten der Länder, die noch nicht so hoch entwickelt sind, gibt es immer mehr Mauern, bewaffnete Sicherheitsleute und festungsähnliche Bauwerke, die die Reichen von den Armen trennen.

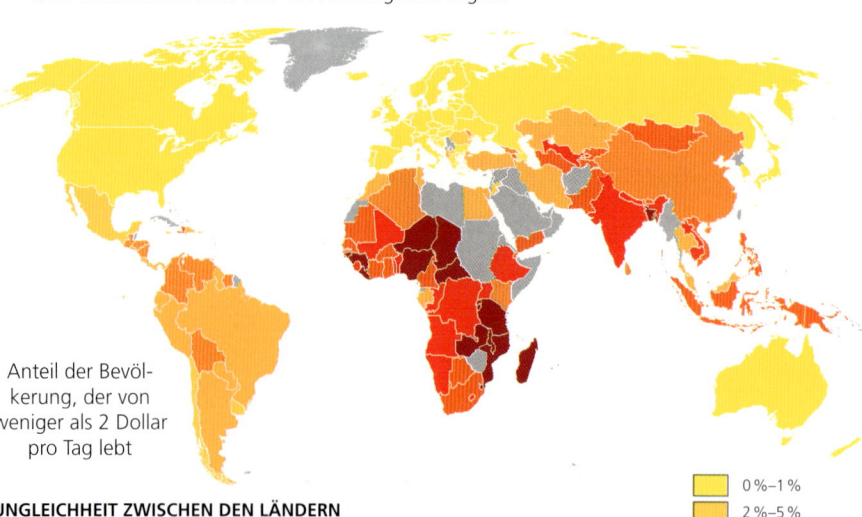

Anteil der Bevölkerung, der von weniger als 2 Dollar pro Tag lebt

	0 %–1 %
	2 %–5 %
	6 %–20 %
	21 %–40 %
	41 %–60 %
	61 %–80 %
	81 %–100 %
	Keine Daten

UNGLEICHHEIT ZWISCHEN DEN LÄNDERN
Die Weltbank betrachtet 2 Dollar pro Tag als die unterste Armutsgrenze (das zum Überleben notwendige Mindesteinkommen). Über 2,5 Mrd. Menschen leben an oder sogar unter dieser Grenze. Am ärmsten sind die Menschen in den Ländern der Dritten Welt, v. a. in Afrika südlich der Sahara und in Südasien. In Europa, Nordamerika und Ostasien gibt es dagegen kaum derartige Armut. In Indonesien, China und Brasilien sind Menschen in ländlichen Gebieten oft noch sehr arm.

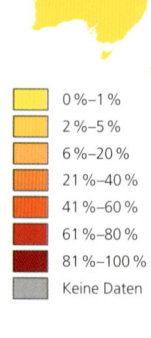

DEN REICHTUM ERHALTEN

Die britischen Privatschulen sind ein gutes Beispiel dafür, wie Reichtum besiegelt wird. Der Wohlstand der einen Generation wird in die Bildung der nächsten Generation investiert, die auf teure Eliteschulen geschickt wird. Diese Schüler (oben) besuchen z. B. das bekannte Eton College. Durch ihre privilegierte Ausbildung erhalten sie wertvolle akademische Fähigkeiten, kulturelles Wissen und die Gelegenheit, Verbindungen zu den reichsten und einflussreichsten Persönlichkeiten der Gesellschaft zu knüpfen. Diese verhelfen den Absolventen der Privatschulen zu den besten Stellungen mit den höchsten Einkommen.

Rollstuhlfahrer-Lift an einem Bus

MASSNAHMEN GEGEN DIE UNGLEICHHEIT

Ungleichheit existiert zwischen gesellschaftlichen Gruppen, zwischen Männern und Frauen und zwischen Menschen unterschiedlicher Abstammung. Behinderte Menschen sind zusätzlich benachteiligt, weil sie oft keine Arbeit finden und nicht einmal leichten Zugang zu öffentlichen Verkehrsmitteln und zum Arbeitsplatz haben. Regierungen versuchen, dies durch Gesetze zum Schutz der Arbeitnehmer auszugleichen, aber eine gerechte Gesellschaft kostet viel Geld. Motorisierte Rollstühle und Rampen an Bussen gibt es nur in hoch entwickelten Ländern. Überall sonst sind sie eine große Seltenheit.

Entwicklungshilfe

Als Entwicklungshilfe bezeichnet man Geld oder andere Güter, die reiche Nationen an arme geben, um deren Wirtschaftsentwicklung zu fördern. Ob Entwicklungshilfe jedoch wirklich das Wachstum anregt und die Armut verringert, ist umstritten. Einige Experten meinen, dass es den Entwicklungsländern eher helfen würde, wenn sie mehr Waren in reiche Länder exportieren könnten, doch das ist nicht unbegrenzt möglich. Inzwischen ergeben sich neue Lösungen: Immer mehr Verbraucher in reichen Ländern unterstützen den fairen Handel, der den Bauern in den armen Ländern gerechte Preise garantiert, und Regierungen erlassen den armen Ländern Schulden. In den Entwicklungsländern gibt es neuerdings Mikrokredite, mit denen auch sehr arme Menschen ein Geschäft eröffnen können, und durch Handys stehen auch entlegene Gemeinden mit der Welt in Verbindung.

Informationen über Gesundheitsvorsorge am Wassertank

SINNVOLLE HILFE

In Entwicklungsländern fehlt es oft an der Infrastruktur (Einrichtungen), an Technologie und am Geld, doch die wachsende Bevölkerung braucht dringend grundlegende Dienste wie z. B. eine funktionierende Wasserversorgung. Hier können mit Entwicklungshilfe Klärwerke und Brunnen gebaut werden. Die Leute vor Ort müssen jedoch lernen, die Einrichtungen selbst zu erhalten, damit die Hilfe langfristig nützt.

NÜTZLICHE NEBENWIRKUNGEN

Entwicklungshilfe als kurzfristige Notlösung ist keine gute Wahl. Am besten helfen langfristige Projekte, die die Gesundheit und Bildung fördern und den Menschen helfen, auf eigenen Beinen zu stehen. Diese Kinder in Südafrika spielen mit einem Karussell, das gleichzeitig als Wasserpumpe fungiert. Südlich der Sahara wurden mittlerweile über 1000 dieser genialen Spielpumpen gebaut, die über 1 Mio. arme Leute mit sauberem Trinkwasser versorgen. Die Drehbewegung des Karussells pumpt unterirdisches Wasser in riesige Wassertanks, die sich hoch über dem Erdboden befinden. Auf dem Tank ist Werbung für gesundheitsbewusstes Verhalten angebracht, mit der außerdem die Erhaltung und Wartung der Pumpe finanziert wird.

KREDITE FÜR DIE ARMEN

Mikrokredite sind kleine Geldsummen, die armen Menschen geliehen werden, damit sie ein Geschäft eröffnen können. Marium Begum hat in Bangladesch eine eigene Geflügelfarm, die sie mithilfe eines Mikrokredits der Grameen Bank, die Geld auch an Arme verleiht, gründete. Da die erfolgreichen Gründer ihre Kredite fast immer zurückzahlen, kann die Bank immer wieder neue Projekte finanzieren.

Die Top 10 der Länder, denen aufgrund der HIPC-Initiative ihre Schulden erlassen werden

Y-Achse: Schuldenerlass in Mrd. US$ (2009)

X-Achse: Demokratische Republik Kongo · Kamerun · Nicaragua · Mosambik · Liberia · Sambia · Ghana · Äthiopien · Tansania · Bolivien

DAS SCHULDENPROBLEM

Gegen Ende des 20. Jh. wurden viele Entwicklungsländer von der Last der Schulden, die sie während der 1970er- und 1980er-Jahre aufgenommen hatten, fast erdrückt. Manche konnten nicht einmal die Zinsen für die Kredite aufbringen, die sie bei privaten Banken, anderen Ländern und internationalen Einrichtungen wie der Weltbank aufgenommen hatten. Viele dieser Schulden wurden nun aufgrund des Drucks der Öffentlichkeit und von Politikern weltweit u. a. durch die HIPC-Initiative für hoch verschuldete arme Länder erlassen. Das Geld können die Regierungen nun in die wirtschaftliche Entwicklung stecken.

FAIRER HANDEL

Die Fair-Trade-Bewegung garantiert den armen Bauern in der Dritten Welt hohe und stabile Preise, sodass sie nicht von den ständig wechselnden Marktpreisen abhängig sind. Viele Verbraucher in reicheren Ländern unterstützen diesen moralischen Ansatz. Sie bezahlen gern etwas mehr, wenn sie wissen, dass die Bauern dadurch gerechte Preise erhalten. Wegen der steigenden Nachfrage bieten auch Supermärkte vermehrt fair gehandelte Produkte an, v. a. Tee, Kaffee, Schokolade und Obst, z. B. Bananen.

Fair gehandelte Kaffeebohnen

HANDEL STATT HILFE

Exporte in reiche Länder werden oft durch Handelsbeschränkungen behindert. Die USA verboten jahrelang die Einfuhr von Shrimps aus Malaysia und Thailand. Sie entsprachen nicht den strengen Umweltstandards, weil sich oft auch Meeresschildkröten in den Netzen verfingen. Die Exporteure protestierten, weil dies ihrer Meinung nach das Wohl der Tiere über das der armen Menschen stellte. Die Welthandelsorganisation entschied schließlich, dass das Verbot gegen die Regeln verstieß.

Durch sein Handy kennt dieser Massai immer die aktuellen Viehpreise.

Das Drehkarussell treibt die Wasserpumpe an.

KONTAKT MIT DER AUSSENWELT

Arme Länder können oft die neusten Technologien nicht nutzen und geraten so immer weiter in Rückstand. Glücklicherweise kostet aber die Einrichtung von Mobilfunknetzen sogar wesentlich weniger als herkömmliche Telefonleitungen. 1996 gab es nur 1 Mio. Handynutzer in Afrika, zehn Jahre später waren es schon 215 Mio. und die Nachfrage steigt weiter. Dieser Massai-Hirte in Kenia erhält über sein Handy Informationen über örtliche und nationale Viehmärkte und kann so immer die besten Preise erzielen.

Herausforderungen

Die Wirtschaft wird sich im 21. Jahrhundert mindestens ebenso turbulent entwickeln wie im 20. Jahrhundert. Die größten Herausforderungen für die globale Wirtschaft ergeben sich aus dem Bevölkerungswachstum. Gleichzeitig steigt der Lebensstandard auch in den Entwicklungs- und Schwellenländern immer höher. Eine größere Zahl reicher Menschen wird immer mehr Waren und Rohstoffe benötigen. Mit dem Verbrauch nimmt die Umweltverschmutzung zu, sodass auch die Probleme des Klimawandels sowie der Energie- und Wasserknappheit immer drängender werden. Für all dies gibt es keine einfache Lösung. Es muss gelingen, neue Wege zur Vermeidung von Verschmutzung zu finden und die Menschen dazu zu bringen, einfachen und sparsamen Lösungen den Vorzug zu geben.

BEVÖLKERUNGSEXPLOSION
Dies ist das ganz normale Gedränge in chinesischen Großstädten, hier in Guangzhou, wo die Einwohnerzahl in wenigen Jahrzehnten von 1 Mio. auf über 12 Mio. gestiegen ist. Guangzhou wird, ebenso wie die Bevölkerung der ganzen Erde, noch 40 Jahre lang weiterwachsen. Die Vereinten Nationen rechnen damit, dass die Weltbevölkerung 2050 mit 9,5 Mrd. den Höchststand erreicht. Die meisten Menschen werden in den Großstädten der Entwicklungsländer leben. So viele Menschen können nur überleben, wenn wir die Rohstoffe wesentlich sparsamer und wirkungsvoller einsetzen als bisher.

Weizen-
ähren

Verbrennungsabgase entweichen durch den Kamin.

NAHRUNGSMITTELKNAPPHEIT
Klimawandel, Bevölkerungswachstum und steigender Lebensstandard führen möglicherweise dazu, dass die Nahrungsmittel knapp werden. In den Jahren 2005/2006 schoss wegen großer Dürrekatastrophen und steigender Nachfrage der Weizenpreis in die Höhe. In den Entwicklungsländern werden die Menschen wohl bald weniger Gemüse und Reis und dafür mehr Fleisch essen. Viehzucht verbraucht aber wesentlich mehr Land und Wasser, sodass die Rohstoffe dadurch nicht gerade geschont werden.

EINE WIRTSCHAFT OHNE ÖL
Die Weltwirtschaft ist vom Erdöl abhängig. Es wird für den Verkehr, als Brennstoff zur Stromerzeugung und als Rohstoff zur Herstellung wichtiger Werkstoffe und Produkte verwendet. Die Erdölvorräte sind aber begrenzt. Der Übergang zu einer vom Öl unabhängigen Wirtschaft wird nicht leicht. Im Zuge der Entwicklung von ölfreien Technologien werden ganze Industriezweige verschwinden und neue entstehen.

Öl ist die Grundlage für Fahrzeugtreibstoffe.

Zapfpistole an der Tankstelle

KRIEGE UM WASSER
Diese rissige, ausgetrocknete Erde in Australien war einst sehr fruchtbar. Die begrenzten Süßwasservorräte werden überall auf der Erde zu sorglos verbraucht. Trockenheit vermindert den Nachschub, steigende Bevölkerungszahlen, wasserverbrauchende Herstellungsprozesse und die Bewässerung von Feldern steigern die Nachfrage. In manchen Gebieten könnte der Kampf ums Wasser sogar zu militärischen Auseinandersetzungen zwischen Ländern führen.

KLIMAWANDEL
Durch den Ausstoß von Kohlendioxid und anderer Abgase bei der Verbrennung fossiler Brennstoffe (Kohle, Öl und Gas) steigen die Temperaturen und extreme Wettererscheinungen häufen sich. Viele Regierungen führen angesichts der Gefahr des globalen Klimawandels sogenannte Ökosteuern auf die Abgase von Fahrzeugen, Fabriken und Kraftwerken ein. Dadurch wird der Strom aus diesem Kohlekraftwerk teurer, während der Strom, der mit Wind- und Sonnenenergie erzeugt wird, günstiger wird. So sollen die Leute dazu gebracht werden, von „schmutzigen" auf umweltfreundliche Energiequellen umzusteigen.

ÜBERALTERUNG
In den Industrieländern sinkt die Geburtenrate und die Zahl der alten Menschen nimmt zu. Wie aber soll eine sinkende Zahl von Arbeitnehmern für die steigende Zahl alter Leute sorgen? Wir müssen neue Wege finden, wie wir sparen, die Rente organisieren, uns um unsere Familien kümmern und das Arbeitsleben planen, wenn wir mit diesem dramatischen demografischen (die Bevölkerungsentwicklung betreffenden) Wandel zurechtkommen wollen.

Du gehörst dazu

Jeder Mensch auf dieser Erde nimmt am wirtschaftlichen Leben teil. Der wirtschaftliche Wohlstand des Landes, in dem man lebt, und die Art, wie die Regierung dort Steuern erhebt und ausgibt, entscheidet über ganz grundlegende Dinge, etwa ob es sauberes Trinkwasser gibt. Er bestimmt, wie die Schulen ausgestattet sind, wie gut die medizinische Versorgung ist, wie teuer Nahrung und Kleidung sind und welche Industriezweige und Unternehmen es in der Umgebung gibt. Das Familieneinkommen entscheidet darüber, welche Wohnung man sich leisten kann und in welcher Wohngegend man lebt, welche Schule man besucht und wo man die Ferien verbringt. Alle Regierungen, Unternehmen und Privatpersonen – auch du – machen einen Haushaltsplan, das heißt, sie entscheiden, wie sie ihr Geld sparen und ausgeben. Das ist auch gleichzeitig die Grundlage für eine gute Wirtschaftsführung: Man versucht, aus begrenzten Mitteln das Beste herauszuholen.

WIE GUT IST MEINE SCHULE?
Alles, was mit Schule zu tun hat, von der Ausstattung und den Möbeln bis zu der Frage, wie viele Schüler und Lehrer es gibt, hängt von wirtschaftlichen Faktoren ab. Manche Schulen werden aus Steuergeldern finanziert, andere verlangen Gebühren von den Eltern. Wo viel Geld zur Verfügung steht, können die Schüler die neueste Technologie nutzen, doch oft sind viel zu viele Schüler in einer Klasse und es gibt nicht einmal gute Möbel.

ZUKUNFTSPLANUNG
Schon vor über 2000 Jahren, im alten Griechenland, legten die Menschen übriges Kleingeld in Spardosen (hier ein modernes Sparschwein) zurück. Sparen, um sich später etwas Wertvolles leisten zu können, ist ein Beispiel dafür, wie Menschen Haushaltspläne machen – genau wie Regierungen und Unternehmen, nur in kleinerem Maßstab.

LEBEN IN DER STADT

Der Wohlstand der Umgebung, in der jemand aufwächst, hat oft großen Einfluss darauf, welche Gelegenheiten ihm im Leben offenstehen. Heute lebt bereits über die Hälfte der Weltbevölkerung in Städten, im Jahr 1900 waren es nur 9 %. Einer der Hauptgründe für den Zuzug von Menschen vom Land in die Städte ist die Möglichkeit, eine bessere Arbeitsstelle zu finden und mehr zu verdienen. Tokio (Japan) ist eine der größten und reichsten Städte der Welt. Viele internationale Konzerne haben ihren Hauptsitz dort und die 12,8 Mio. Einwohner von Tokio pendeln zu Arbeitsstellen in Kaufhäusern, Fabriken, Büros und Krankenhäusern. Menschen auf dem Land mit schlechterer Verkehrsanbindung haben meist keine so große Auswahl an guten Arbeitsplätzen.

WENN KINDER ARBEITEN MÜSSEN

Diese Mädchen im Irak werden dafür bezahlt, Müll einzusammeln und ihn auf der Deponie abzuladen. Sie gehören zu den weltweit rund 158 Mio. Kindern zwischen 5 und 14 Jahren, die arbeiten müssen, um leben zu können. Ihre Arbeit ist oft gefährlich und immer schlecht bezahlt, und wenn sie den ganzen Tag arbeiten, können sie nicht zur Schule gehen. Viele arme Familien brauchen aber das Einkommen der Kinder zum Überleben.

ÜBERFÜLLTE BEHAUSUNGEN

Wirtschaftliche Faktoren wie Einkommen und die Grundstücks- und Häuserpreise in der nächsten Nachbarschaft entscheiden darüber, wie man wohnt. Diese Familie kann sich nur eine winzige Hütte in einem Slumgebiet von Rangun (Yangon), der größten Stadt in Birma (Myanmar) leisten. Die Hütte ist überfüllt und es gibt weder fließendes Wasser noch Strom oder eine Abwasserkanalisation. Daher besteht immer das Risiko schwerer Erkrankungen, z. B. Cholera, Ruhr und Durchfall.

BURGERWIRTSCHAFT

Das Schweizer Bankhaus UBS erfand im Jahr 2006 eine interessante Art des wirtschaftlichen Städtevergleichs: Man rechnete aus, wie lange ein Mensch mit dem durchschnittlichen Gehalt eines Stadtangestellten arbeiten muss, um sich in einer örtlichen Zweigstelle von McDonald's einen Big Mac kaufen zu können. Die Ergebnisse lagen zwischen 10 Minuten (Tokio, Japan) und 97 Minuten (Bogotá, Kolumbien).

Die Welt in Zahlen

Die Zahlen, mit denen sich die globale Wirtschaft beschreiben lässt, steigen immer weiter an. Im Jahr 1900 lag der Gesamtwert der von allen Ländern zusammen produzierten Waren und Dienstleistungen bei 1 Billion Dollar. Heute beträgt er fast das 70-Fache. Es gibt mehr Handel, mehr Milliardäre und mehr multinationale Konzerne als je zuvor, und seit einigen Jahren ist zu beobachten, dass sich das wirtschaftliche Gewicht und die wirtschaftliche Macht immer stärker hin zu Schwellenländern wie China und Indien verlagert.

USA:
359 Milliardäre im Jahr 2009

Vermögenswerte (290 Bio. Dollar)
Alle Anlagewerte außer Geld, z.B. Grundstücke, Gebäude, Aktien, Anleihen usw. Der Wert, mit dem die Welt ihre Vermögenswerte beziffert, erreichte Ende 2008 diesen bisherigen Höchststand.

Traditionelle Bankgeschäfte (39 Bio. Dollar)
Hierzu gehört das gesamte Geld, das weltweit auf Giro- und Sparkonten liegt, und darüber hinaus alles Geld, das sich Privatpersonen und Unternehmen von Banken geliehen haben.

Bargeld im Umlauf (3,9 Bio. Dollar)
Das ist der Wert aller Geldscheine und Münzen, die im Umlauf sind. Elektronisch gehandeltes Geld gehört nicht dazu. Wenn alle gleichzeitig ihr Gespartes abheben und ihre Vermögenswerte verkaufen, gibt es nicht genug Geld, um sie auszubezahlen.

Goldreserven (845 Mrd. Dollar)
Das weltweite Finanzsystem beruht zwar auf Fiatgeld (eine Währung hat nur deshalb einen Wert, weil die Regierung es so festlegt), aber die Zentralbanken lagern auch weiterhin Gold für Notfälle. Im Vergleich zur weltweiten Bargeldsumme sind sie jedoch lächerlich gering.

WIE VIEL GELD HAT DIE WELT?
Diese Zahlen aus dem Jahr 2008 zeigen, dass das gesamte Bargeld, das weltweit im Umlauf ist, nur einen Bruchteil der virtuellen Geldsumme bildet, die von der Finanzindustrie global gehandelt wird. Es lohnt sich auch der Vergleich mit dem BIP (Bruttoinlandsprodukt) – dem Wert aller weltweit produzierten Produkte und Dienstleistungen in einem Jahr –, der 2008 auf 69,49 Bio. Dollar beziffert wurde.

GLOBALE RIESEN
Dieses Diagramm zeigt den Beitrag der wichtigsten Regionen der Erde zur Weltwirtschaft seit dem Jahr 1500. Damals waren Indien und China wirtschaftliche Supermächte und Westeuropa setzte gerade erst dazu an sie herauszufordern. Nord- und Südamerika trugen damals nur 5 % zum globalen BIP bei. Ab dem Beginn des 19. Jh. begann sich diese Zusammensetzung des globalen BIP infolge der industriellen Revolutionen in Europa und Nordamerika (S. 66) bedeutend zu verändern. Um 1950 erwirtschafteten die USA allein bereits 30 % des globalen BIP, Westeuropa und Japan weitere 30 %. Heute erbringen die Industrieländer zwar weiterhin den größten Teil der Wirtschaftsleistungen, doch die Entwicklungs- und Schwellenländer sind stark im Kommen.

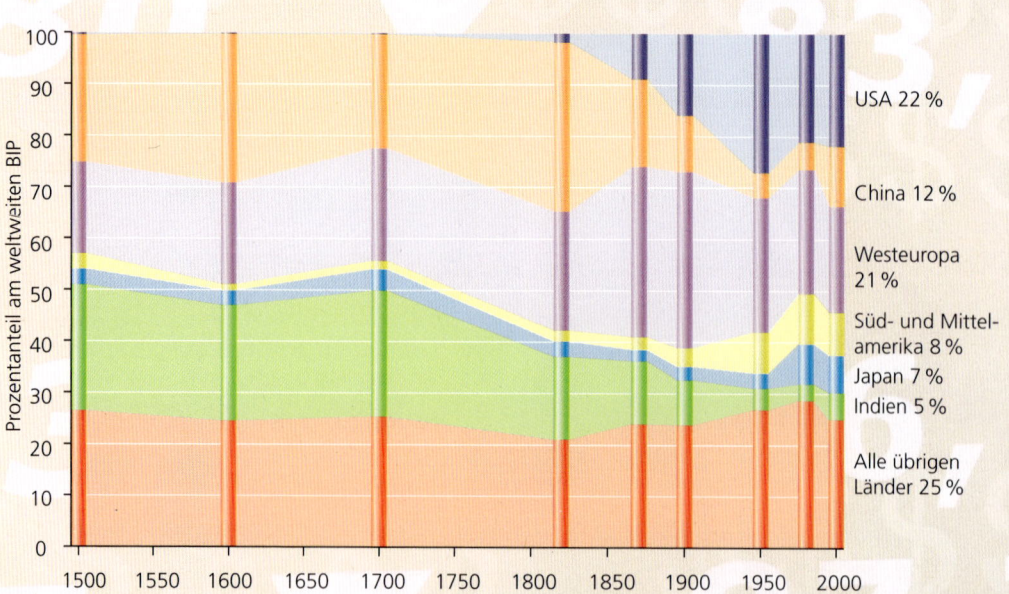

USA 22 %

China 12 %

Westeuropa 21 %

Süd- und Mittelamerika 8 %

Japan 7 %

Indien 5 %

Alle übrigen Länder 25 %

Prozentanteil am weltweiten BIP

Jahr

Großbritannien 25

Indien 24

Kanada 20

Japan 17

Brasilien 13

Türkei 13

Saudi-Arabien 13

Spanien 12

Russland 32

China 47

Deutschland 54

LÄNDER MIT DEN MEISTEN MILLIARDÄREN

Das weltweite Wirtschaftswachstum verhalf einigen Menschen zu riesigen Vermögen. Die Zahl der Milliardäre (in US-Dollar) steigt. Zu den Industrie- und Bankmagnaten aus Europa und Nordamerika gesellen sich Öl- und Bergbau-Milliardäre aus Russland und Saudi-Arabien. In den letzten 20 Jahren sind v. a. in den USA zudem viele Computer- und Software-Milliardäre hinzugekommen.

RANG	UNTERNEHMEN	2008 WERT (US$)
1	Google	66 434 000 000
2	General Electric	61 880 000 000
3	Microsoft	54 951 000 000
4	Coca-Cola	44 134 000 000
5	China Mobile	41 214 000 000
6	Marlboro	39 166 000 000
7	Wal-mart	36 880 000 000
8	Citi	33 706 000 000
9	IBM	33 572 000 000
10	Toyota	33 427 000 000
11	McDonald's	33 138 000 000
12	Nokia	31 670 000 000
13	Bank of America	28 767 000 000
14	BMW	25 751 000 000
15	HP	24 987 000 000
16	Apple	24 728 000 000
17	UPS	24 580 000 000
18	Wells Fargo	24 284 000 000
19	American Express	23 113 000 000
20	Louis Vuitton	22 686 000 000

DIE WERTVOLLSTEN MARKENUNTERNEHMEN

Bei dem erbarmungslosen Wettbewerbsdruck auf den globalen Märkten, auf denen Unternehmen um die Aufmerksamkeit von Milliarden von Verbrauchern konkurrieren, ist eine erfolgreiche Marke äußerst wertvoll. Google hat einen Börsenwert von vielen Milliarden Dollars, weil es die beliebteste Internet-Suchmaschine der Welt ist. So bietet es seinen zahlreichen Kunden eine der besten Werbeplattformen. Eine beliebte Marke entsteht natürlich nicht aus einem nutzlosen Produkt. Viele der Unternehmen in dieser Liste waren echte Pioniere auf ihrem Fachgebiet, z. B. IBM im Bereich der Computer und Nokia bei den Mobiltelefonen.

WELTWEITE EXPORTE

Am Ende des Zweiten Weltkriegs belief sich der Wert des globalen Handels auf 59 Mrd. Dollar. Seitdem ist der internationale Handel explosiv in die Höhe geschossen und erreichte 2007 einen Wert von über 13 Bio. Dollar. Die WTO ruft die Länder dazu auf, ihre Einfuhrzölle zu senken und so den Handel zu erleichtern. Durch das Internet und günstigere Transportmöglichkeiten sind auch die Kosten des Handels gesunken.

13,619 Bio. US$

7,375 Bio. US$

3,675 Bio. US$

1,838 Bio. US$

579 Mrd. US$

59 Mrd. US$ | 84 Mrd. US$ | 157 Mrd. US$

1948 | 1953 | 1963 | 1973 | 1983 | 1993 | 2003 | 2007

DIE HÖCHSTEN EINKOMMEN

Die USA haben zwar das höchste BIP, teilt man es aber durch die Zahl der Einwohner, liegen sie nicht mehr an der Spitze. Im Jahr 2008 hatte Norwegen das höchste Pro-Kopf-Einkommen (BIP geteilt durch Einwohnerzahl).

Norwegen 43 400 US$ Pro-Kopf-Einkommen

Deutschland 42 410 US$

USA 37 870 US$

Japan 34 180 US$

Dänemark 33 570 US$

= rund 3000 US$

Schweden 28 910 US$

Großbritannien 28 320 US$

Finnland 27 060 US$

Irland 27 010 US$

Österreich 26 810 US$

Chronik

Die Geschichte der Weltwirtschaft in den vergangenen 12 000 Jahren wurde immer von den Leuten beherrscht, die die begrenzten Mittel – Zeit, Land und Menschen – auf kluge Weise einsetzten. Es gab zahlreiche wichtige technische Erfindungen wie Eisenbahn und Internet, aber auch ganz anders geartete Neuerungen und Einrichtungen wie z. B. Banken und Börsen.

Die Postkarte zeigt die *Boston Tea Party* in der amerikanischen Kolonie Massachusetts (1773).

um 10 000–6000 v. Chr. DIE ERSTEN BAUERN
Die Entwicklung der Landwirtschaft läutet in vielen Teilen der Welt das Ende des Daseins als Jäger und Sammler oder Nomaden ein.

um 7500–4000 v. Chr. DIE ERSTEN STÄDTE
Die ersten Städte entwickeln sich. Mit dem Wachstum von Siedlungen wie Çatal Hüyük im Süden der Türkei entsteht eine neue Art der Wirtschaft, wie sie für Städte typisch ist.

Tontafel aus Mesopotamien mit Aufzeichnungen eines Viehbestands in Keilschrift (um 2750 v. Chr.)

um 3400–2700 v. Chr. ERSTE BUCHHALTER
Die Menschen in Mesopotamien entwickeln die Keilschrift, um über Handels- und Bankgeschäfte Buch zu führen.

um 1200 v. Chr. CHINESISCHES MUSCHELGELD
In China wird das erste Geld aus Kaurimuscheln verwendet. In Teilen Afrikas sind die Kaurimuscheln bis zur Mitte des 20. Jh. in Gebrauch.

um 640 v. Chr. DIE ERSTEN MÜNZEN
Die ersten echten Münzen der Welt werden in Lydien geprägt, das in der heutigen Türkei liegt.

um 490 v. Chr. ERSTER ERWÄHNTER BANKIER
Der griechische Geschichtsschreiber Herodot dokumentiert die Geldgeschäfte eines lydischen Bankiers namens Pythius.

30 v. Chr.–14 n. Chr. KAISER AUGUSTUS
Kaiser Augustus gestaltet das Römische Reich um. Er gibt neue Münzen heraus und erhebt neue Steuern auf Handel, Land und Personen.

306–337 DIE MÜNZE DES KONSTANTIN
Kaiser Konstantin gibt eine Goldmünze heraus, den Solidus, der daraufhin noch weitere 700 Jahre lang gültig ist und geprägt wird.

806–821 PAPIERGELD
Der Ursprung des Papiergelds liegt in den ersten Banknoten der Welt, die in China ausgestellt wurden.

1156 WÄHRUNGSUMTAUSCH
Zwei Brüder leihen bei einer italienischen Bank 115 genuesische Pfund und verpflichten sich, dafür in Konstantinopel 460 Besant (die dortige Währung) zurückzuzahlen. Dies ist der erste Vertrag über einen Währungsumtausch.

1288 DAS ERSTE AKTIENZERTIFIKAT
Ein Brief an eine schwedische Firma bestätigt den Verkauf eines Achtels des Kupferbergbau-Unternehmens Stora. Er beweist das Eigentum an einem Anteil einer Firma – die erste Aktie!

1346–1350 DER SCHWARZE TOD
Die Pest rafft über ein Drittel der europäischen Bevölkerung dahin. Die Überlebenden können danach wesentlich mehr Arbeitslohn verlangen.

1403 BLÜTEZEIT DES ITALIENISCHEN BANKWESENS
In Florenz wird das Berechnen von Zinsen gestattet, sodass die Bankgeschäfte explosionsartig zunehmen.

Spanische Münzen aus Gold und Silber, das Indianern geraubt worden war (16. Jh.)

1492 DIE EUROPÄER ENTDECKEN AMERIKA
Christoph Kolumbus entdeckt Amerika und löst so ein dramatisches Wirtschaftswachstum aus.

1498 SEEHANDEL ZWISCHEN EUROPA UND ASIEN
Vasco da Gamas Entdeckung eines Seewegs nach Indien eröffnet neue Märkte für Europa und Asien.

um 1500–1540 SPANISCHES GOLD
Spanische Eroberer bezwingen die Azteken in Mexiko und die Inka in Peru und plündern ihr Gold. Es wird so viel Gold nach Europa geschickt, dass der Goldpreis sinkt.

1502 BEGINN DES SKLAVENHANDELS
Die ersten Sklaven aus Afrika erreichen Amerika. In den folgenden 300 Jahren werden über 12 Mio. Afrikaner nach Amerika verschifft. Sie arbeiten unbezahlt auf Plantagen und in Minen.

1634–1637 DIE GROSSE TULPENMANIE
In den Niederlanden lässt die Nachfrage nach einer seltenen Tulpenart die Preise in die Höhe schießen und es entsteht eine gigantische Spekulationsblase.

ab etwa 1750 INDUSTRIELLE REVOLUTION
In Großbritannien werden neue Herstellungsmethoden eingeführt, bei denen wasser- und dampfgetriebene Maschinen verwendet werden. Damit beginnt die industrielle Revolution.

1773 BOSTON TEA PARTY
Amerikanische Kolonisten protestieren gegen britische Einfuhrzölle. Als Indianer verkleidet werfen sie eine ganze Schiffsladung Tee in den Bostoner Hafen. Dies ist der erste Schritt zur Unabhängigkeit von Großbritannien.

1776 DER WOHLSTAND DER NATIONEN
Adam Smith veröffentlicht sein einflussreiches Buch mit dem Titel *Der Wohlstand der Nationen*.

1799 EINKOMMENSTEUER
Der britische Premierminister William Pitt finanziert mit einer Steuer auf das private Einkommen den Krieg gegen Napoleon.

1804–1829 DAMPFEISENBAHN
Richard Trevithick führt in Merthyr Tydfil (Wales) die erste Dampflokomotive vor. 1829 verkehren bereits Züge zwischen Stockton und Darlington sowie Liverpool und Manchester (England).

1807 GROSSBRITANNIEN GEGEN SKLAVENHANDEL
Im British Empire wird der Sklavenhandel abgeschafft und die Royal Navy setzt einen internationalen Boykott durch. In den USA wird die Sklaverei 1863 für ungesetzlich erklärt.

1838 SCHNELLE VERBINDUNGEN
Der elektrische Telegraf sendet Nachrichten blitzschnell auch über weite Entfernungen.

1854 JAPAN ÖFFNET SICH
Nach mehr als 200 Jahren Isolation öffnet Japan seine Häfen für den internationalen Handel.

1856 STAHL REVOLUTIONIERT DIE WIRTSCHAFT
Das Bessemer-Verfahren zur Umwandlung von Eisen in Stahl erhöht schlagartig den Ausstoß der weltweiten Metallindustrie.

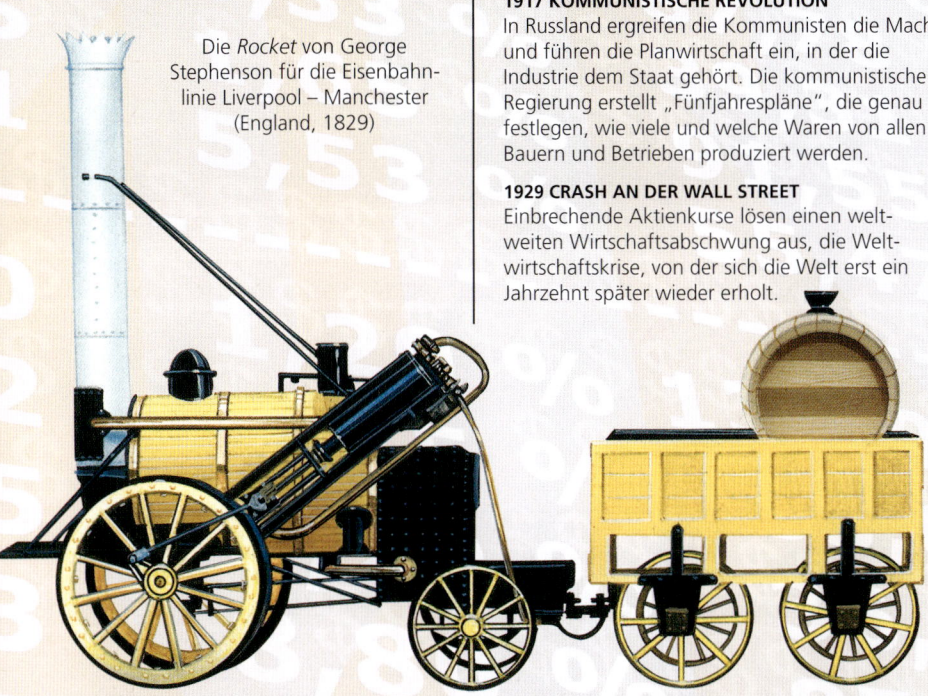

Die *Rocket* von George Stephenson für die Eisenbahnlinie Liverpool – Manchester (England, 1829)

1857 BANKENKRISE
Im Oktober zwingt eine Panik unter den Bankkunden 1415 US-Banken, die Auszahlung von Gold und Silber einzustellen. Dies löst auf beiden Seiten des Atlantiks eine Rezession aus.

1869 SUESKANAL
Der Sueskanal verbindet das Mittelmeer mit dem Roten Meer und verkürzt den Seeweg zwischen Europa und Asien sehr stark.

Poster von Josef Stalin, der dem russischen Volk einen Fünfjahresplan vorstellt (1946)

1874 TELEFON
Alexander Graham Bell erfindet das Telefon. Diese technische Erfindung eröffnet völlig neue, nie dagewesene Geschäftsmöglichkeiten.

1908–1913 FLIESSBAND
Henry Ford erfindet das Fließband und stellt in Massenproduktion das erste Auto her, das sich (fast) jeder leisten kann – das „Modell T".

1917 KOMMUNISTISCHE REVOLUTION
In Russland ergreifen die Kommunisten die Macht und führen die Planwirtschaft ein, in der die Industrie dem Staat gehört. Die kommunistische Regierung erstellt „Fünfjahrespläne", die genau festlegen, wie viele und welche Waren von allen Bauern und Betrieben produziert werden.

1929 CRASH AN DER WALL STREET
Einbrechende Aktienkurse lösen einen weltweiten Wirtschaftsabschwung aus, die Weltwirtschaftskrise, von der sich die Welt erst ein Jahrzehnt später wieder erholt.

1944 BRETTON-WOODS-ABKOMMEN
Vertreter aus 44 Ländern unterzeichnen ein Abkommen zur umfassenden Neuordnung des Weltwirtschaftssystems nach dem Zweiten Weltkrieg. Sie einigen sich auf ein System fester Wechselkurse und richten außerdem den Internationalen Währungsfonds (IWF) ein.

1945–1960 WIRTSCHAFTSWUNDER
Die Weltwirtschaft erholt sich nach dem Krieg rasant. Wohlstand breitet sich aus und die Verbraucher kaufen immer mehr moderne Luxusgüter wie Fernseher, Kühlschränke und Autos.

1957 EUROPÄISCHE EINHEIT
Sechs europäische Länder bilden eine Wirtschaftsgemeinschaft, die sich später zur Europäischen Union entwickeln wird.

1973 ÖLKRISE
Als mehrere Öl fördernde Länder die Lieferungen an die USA und Europa einstellen, vervierfacht sich der Ölpreis und die Inflationsrate steigt.

1978 CHINA ERLAUBT PRIVATE GESCHÄFTE
Die kommunistische Regierung in China gestattet den Bauern, ihre Produkte zu verkaufen und den Erlös zu behalten. Sie müssen nicht mehr auf staatseigenen Landwirtschaftsbetrieben arbeiten.

1979 DAS ERSTE MOBILFUNKNETZ
Die japanische Firma NTT richtet das erste kommerzielle Mobilfunknetz ein.

1980er-Jahre „REAGANOMICS"
Der amerikanische Präsident Ronald Reagan senkt die Steuern, die Investitionen des Staats und die Regulierung der Unternehmen, um die Wirtschaft der USA in die Höhe zu treiben.

1989 WORLD WIDE WEB
Der britische Computerspezialist Tim Berners-Lee richtet ein System ein, das sich zum World Wide Web (WWW) entwickelt. Hunderte Millionen Menschen erhalten neuen Zugang zu Märkten.

1989 FALL DER BERLINER MAUER
Der Fall der Mauer zwischen Ost- und Westberlin markiert den Zusammenbruch des Kommunismus und die Wiedervereinigung Deutschlands. Von 1989–1991 stürzen alle kommunistischen Regierungen in Osteuropa und der Sowjetunion.

1991 REFORMEN IN INDIEN
Die indische Regierung erlässt Gesetze, die den Wettbewerb zwischen nationalen und internationalen Unternehmen fördern, und löst damit ein schnelles Wirtschaftswachstum aus.

2000 „DOTCOM-CRASH"
Die Spekulationsblase im Handel mit Aktien von jungen Internetunternehmen platzt und die Aktienkurse brechen dramatisch ein.

2008 KREDITKRISE
Eine Finanzkrise, ausgelöst durch risikoreiche Kredite, stürzt die Welt in eine Rezession.

Der Porsche 356 von 1950: ein Auto für wohlhabende Verbraucher zur Zeit des Wirtschaftswunders

Glossar

ABSCHWUNG Zeitraum, in dem die Wirtschaftsaktivitäten abnehmen und das BIP sinkt.

AKTIEN Anteilsscheine, die an der Börse gehandelt werden. Sie dienen als Nachweis des Eigentums an einem Teil eines Unternehmens.

AKTIONÄR Eine Person, die Aktien eines Unternehmens gekauft hat.

ANGEBOT Die Menge einer Ware oder Dienstleistung, die die Verkäufer den Käufern zu einem bestimmten Preis anbieten können oder wollen.

ANLEIHE Schuldschein einer Firma oder Regierung. Der Schuldner verpflichtet sich, dem Käufer das Geld später mit Zinsen zurückzuzahlen. Anleihen sind übertragbar, sie können also ge- und verkauft werden.

Ein moderner Mähdrescher, wie er in der Landwirtschaft eingesetzt wird

ARBEITSLOSIGKEIT Eine Person, die unfreiwillig keine Arbeit hat, ist arbeitslos. Die Arbeitslosenrate gibt den prozentualen Anteil der Bevölkerung an, der keine geeignete Arbeitsstelle findet.

ARBEITSTEILUNG Die Aufteilung der Arbeit in einzelne Arbeitsschritte, die von Spezialisten ausgeführt werden. Dadurch steigt die Produktivität.

AUSSTOSS Die Stückzahl oder Menge einer Ware oder Dienstleistung, die innerhalb einer bestimmten Zeit produziert wird.

BESCHRÄNKTE HAFTUNG Eine rechtliche Absicherung: Die Eigentümer einer Firma haften nicht persönlich für die Schulden der Firma, sondern nur mit dem Kapital, das sie in die Firma eingezahlt haben.

BEVÖLKERUNG Die Zahl der Menschen, die in einem Gebiet oder Land leben.

BIP (BRUTTOINLANDSPRODUKT) Der Wert aller Waren und Dienstleistungen, die in einem Jahr in einem Land hergestellt werden.

BLASE Plötzlicher Anstieg des Preises eines Vermögenswerts weit über den tatsächlichen Wert.

BOOM (HOCHKONJUNKTUR) Rasantes Wirtschaftswachstum, das sich oft nicht aufrechterhalten lässt und in einer Rezession endet.

BÖRSE Ein Handelsraum für bestimmte Dinge. Speziell: Der Ort, an dem die Aktien von Unternehmen gehandelt werden.

BÖRSENMAKLER Eine Person, die im Auftrag ihrer Kunden Aktien kauft und vekauft.

Bestechungsgeld – eine Form der Korruption

DEFLATION Ein allgemeines Sinken der Preise für Waren und Dienstleitungen innerhalb einer Volkswirtschaft. Gegenteil: Inflation.

DEMOGRAFISCHER WANDEL Aktuelle Tendenzen der Bevölkerungsentwicklung: die Veränderung der Zusammensetzung der Altersstruktur in der Bevölkerung.

DEMOKRATIE Ein politisches System, in dem die Regierungsmacht von Personen ausgeübt wird, die das Volk durch Wahlen bestimmt.

DEPRESSION (KONJUNKTURTIEF) Schweres und lang anhaltendes Tief in den wirtschaftlichen Aktivitäten eines Landes oder mehrerer Länder.

DERIVATIVE Komplizierte finanzielle Verträge, die auf dem Wert bestimmter Vermögenswerte beruhen, wie z. B. Aktien, Waren, Währungen, Zinssätzen und Marktindizes. Derivative, die auf dem Devisenmarkt gehandelt werden, werden in Geld bezahlt, ohne dem tatsächlichen Vermögenswert zu entsprechen.

DIENSTLEISTUNGEN Einer der drei wichtigsten Wirtschaftssektoren. Er umfasst alle Tätigkeiten, bei denen Kunden bestimmte Anbieter für ihr Fachwissen und ihre Leistungen bezahlen, z. B. Fremdenführer oder Feuerwehr.

DIKTATUR Ein politisches System, in dem die ganze Regierungsmacht von einer Person ausgeübt wird.

DIVIDENDE Aktiengesellschaften zahlen ihren Aktionären jährlich einen Anteil am Gewinn aus.

EINKOMMEN Geld, das entweder durch Arbeit oder andere Investitionen verdient wird.

EINNAHMEN Das gesamte Einkommen eines Unternehmens, bevor die Kosten und die zu leistenden Steuern abgezogen werden.

ENTWICKLUNGSLÄNDER Technologisch nicht so hoch entwickelte Länder mit schwächerer Wirtschaft und niedrigerem Lebensstandard.

EXPORT Der Verkauf von Waren und Dienstleistungen ins Ausland.

FAIRER HANDEL (FAIR TRADE) Handel mit dem Ziel, dass die Arbeiter in Entwicklungsländern gerecht bezahlt werden. Wenn die Preise für ihre Waren den üblichen Marktkräften überlassen werden, ist das meist nicht der Fall.

FEUDALISMUS Wirtschaftssystem im Mittelalter: Bauern durften das Land der Grundbesitzer bewirtschaften. Dafür mussten sie einen Teil der Erzeugnisse abgeben und Militärdienst leisten.

FINANZBEZIRK Ein Stadtviertel, in dem sich v. a. Banken, Börsenmaklerfirmen und andere Finanzdienstleister niederlassen.

Künstlerische Darstellung eines Schuldgefängnisses

FISKALISCH Alles im Zusammenhang mit Steuern und Regierungsausgaben.

FREIE MARKTWIRTSCHAFT Ein Wirtschaftssystem, in dem die Preise nur durch Angebot und Nachfrage bestimmt werden.

GEISTIGES EIGENTUM Ideen und Erfindungen sind durch Gesetze geschützt, sodass niemand sie ohne Erlaubnis des Erfinders nutzen darf.

Kaffeebohnen von einer Fair-Trade-Kooperative

GELD Ein Tauschmittel oder ein allgemein anerkanntes Zahlungsmittel.

GEMISCHTE WIRTSCHAFTSFORM Eine Mischform, in der die Unternehmen in Privatbesitz sind, die Regierung aber regulierend eingreift.

GEWERKSCHAFT Eine Vereinigung von Arbeitern oder Angestellten, die in der Regel höhere Löhne und bessere Arbeitsbedingungen durchsetzen will.

GEWINN Die Geldsumme, die übrig bleibt, wenn alle Kosten, die für die Herstellung und den Verkauf der Produkte anfallen, abgezogen sind.

GLÄUBIGER Eine Person oder ein Unternehmen, dem jemand Geld schuldet.

GRÖSSENVORTEILE Kostenersparnis großer Unternehmen durch Massenproduktion – je größer die Stückzahl eines Produkts, das hergestellt wird, desto niedriger sind die Kosten pro Stück.

GUTHABEN Eine Geldsumme, die auf ein Bankkonto eingezahlt wurde.

GOLDSTANDARD Ein internationales System, bei dem der Wert von Banknoten und Münzen an bestimmte Mengen von Gold gebunden war. Dieses System gilt heute nicht mehr.

HANDEL Der Austausch von Waren und Dienstleistungen, der meist mit Geld bezahlt wird.

HANDELSBILANZ Die Differenz zwischen dem Wert der Exporte und der Importe eines Landes.

HYPERINFLATION Eine Zeit, in der die Preise außer Kontrolle geraten und die Währung ihren Wert verliert.

HYPOTHEK Eine Art von Kredit, bei der eine Sicherheit verlangt wird, z. B. ein Haus. Wird der Kredit nicht zurückgezahlt, erhält der Gläubiger die zuvor festgelegte Sicherheit.

IMPORT Der Einkauf von Waren und Dienstleistungen aus dem Ausland.

INDEX Ein Zahlenwert, der aus einer Gruppe von Preisen berechnet wird und dann den Wert dieser Gruppe insgesamt angibt. Beispiel: Die besten 100 Aktien, die an einer Börse gehandelt werden. Die Veränderungen am Markt können dann immer am Index abgelesen werden.

INDUSTRIELÄNDER Technologisch hoch entwickelte Länder mit leistungsfähiger Wirtschaft und allgemein hohem Lebensstandard.

INDUSTRIEZWEIG (BRANCHE) Personen oder Unternehmen, die in einem bestimmten Wirtschaftssektor tätig sind, z. B. Landwirtschaft, Stahl, Papier oder Musik.

INFLATION Ein allgemeiner Anstieg der Preise für Waren und Dienstleistungen in einer Volkswirtschaft. Gegenteil: Deflation.

INFRASTRUKTUR Die Einrichtungen und Dienstleistungen, die die wirtschaftlichen Aktivitäten und das Funktionieren eines Gemeinwesens unterstützen, z. B. Straßen, Brücken und Systeme zur Wasser- und Stromversorgung.

INTERNATIONALER WÄHRUNGSFONDS (IWF) Eine internationale Organisation, die Kredite an Regierungen vergibt, wenn die Wirtschaft des Staates eine Finanzkrise droht.

INVESTITION Der Kauf eines Vermögenswerts, z. B. einer Maschine, in der Hoffnung, einen Gewinn zu erwirtschaften.

KAPITAL Als „Sachkapital" bezeichnet man Maschinen, Fabriken und alle Dinge, mit denen etwas hergestellt wird. „Finanzkapital" ist das Geld, mit dem Sachkapital angeschafft wird.

Zecchini-Goldmünzen wurden erstmals 1284 in Venedig geprägt.

KAPITALISMUS Ein Wirtschaftssystem, in dem (fast) alle Mittel zur Herstellung, Verteilung und zum Austausch von Waren in Privatbesitz sind.

KARTELL Mehrere Unternehmen, die sich absprechen, damit sie höhere Preise erzielen können als unter Wettbewerb auf dem freien Markt.

KOMMUNISMUS Ein Wirtschaftssystem, in dem die Produktionsmittel (Fabriken, Maschinen und Rohstoffe) dem Staat gehören und von der Regierung kontrolliert werden.

KONSUM (VERBRAUCH) Kauf und Verwendung von Waren und Dienstleistungen.

KONSUMISMUS Eine Wirtschaftstheorie, die besagt, dass es gut für die Wirtschaft ist, wenn der Verbrauch ständig steigt.

KORRUPTION Der Missbrauch von Macht. Beispiel: Jemand besticht einen Entscheidungsträger in der Politik oder Wirtschaft mit Geld, um seine Entscheidungen zu beeinflussen.

KREDIT (DARLEHEN) Eine Geldsumme, die einer Person oder einem Unternehmen geliehen wird. Sie muss wieder zurückgezahlt werden, in der Regel mit zusätzlichen Zinsen.

KREDITKRISE Eine plötzliche Verknappung des Geldes der Banken, sodass diese kaum mehr Kredite geben und hohe Zinsen verlangen. Die globale Finanzkrise von 2008 ging mit einer weltweiten, schlimmen Kreditkrise einher.

KREDITWÜRDIGKEIT Die Tatsache, dass jemand vertrauenswürdig genug ist, um einen Kredit zu erhalten.

LANDWIRTSCHAFT Die Herstellung von Nahrungsmitteln durch Viehzucht und den Anbau von Feldfrüchten. Sie ist einer der drei wichtigsten Wirtschaftssektoren.

LIQUIDITÄT Ein Ausdruck für die Zahlungsfähigkeit einer Firma. Er gibt an, ob ihr genügend Bargeld zur Verfügung steht.

MARKT Ein Ort (auch virtuell), an dem Menschen zusammentreffen und Handel treiben.

MARKTKRÄFTE Angebot und Nachfrage von Produkten und Dienstleistungen.

MARXISMUS Eine politische Theorie des deutschen Philosophen Karl Marx aus dem 19. Jh. Er hielt es für unvermeidlich, dass die im Kapitalismus ausgebeuteten Arbeiter rebellieren und den Kommunismus einführen würden.

Wall Street, der Finanzbezirk in New York (USA), in dem sich auch die Börse befindet

MASSENWARE Grundlegende Waren wie Getreide oder Eisen, die immer gleich sind – anders als z. B. Fernseher, die oft eine sehr unterschiedliche Qualität haben.

MIGRATION (WANDERUNG) Die Wanderungsbewegungen der Menschen zwischen Regionen und Ländern.

MINDESTLOHN Der niedrigste Lohn, der noch gesetzlich erlaubt ist. Arbeitgeber dürfen ihren Beschäftigten nicht weniger bezahlen.

MONOPOL Die uneingeschränkte Kontrolle über den Verkauf einer Ware oder Dienstleistung durch ein Unternehmen oder eine Regierung.

MOBILITÄT Die „Beweglichkeit" von Unternehmen und Arbeitskräften: Sie ziehen dorthin, wo sie die besten Bedingungen vorfinden.

NACHFRAGE Die Menge einer bestimmten Ware oder Leistung, die die Leute zu einem bestimmten Marktpreis kaufen können oder wollen.

PENSION/RENTE Eine regelmäßige Zahlung der Regierung oder eines Unternehmens an Personen im Ruhestand.

PLANWIRTSCHAFT Wirtschaftssystem, in dem die Entscheidungen über die Herstellung und Verteilung von Waren und Dienstleistungen von der Regierung getroffen werden.

PREIS Die Geldsumme zum Kauf eines bestimmten Produkts oder einer Dienstleistung.

PRODUKTION Einer der drei wichtigsten Wirtschaftssektoren: In der Industrie werden Werkzeuge, Maschinen und Arbeit eingesetzt, um Waren herzustellen. Auch: Der Prozess der Herstellung von Waren und Gütern.

PRODUKTIVITÄT Die Geschwindigkeit, mit der etwas hergestellt wird, z. B. Stück pro Arbeitsstunde.

PROVISION Eine Gebühr für den Verkäufer einer Ware oder Dienstleistung, die vom Wert des Verkaufs abhängt.

Skulptur von Karl Marx

RENDITE Die Geldsumme, die eine Investition in einem bestimmten Zeitraum (meist ein Jahr) einbringt. Sie wird als prozentualer Teil der Investitionskosten ausgedrückt. Wenn jemand z. B. für 1000 € ein Feld kauft und es für 100 € pro Jahr an eine andere Person verpachtet, hat er eine jährliche Rendite von 10 %.

RESSOURCEN Rohstoffe, Werkzeuge und Arbeitskräfte, die zur Produktion von Waren und Dienstleistungen eingesetzt werden.

REZESSION Gegenteil des Booms: Die Wirtschaft entwickelt sich plötzlich dramatisch abwärts.

ROHSTOFFE Stoffe und Energie, die auf der Erde natürlich vorkommen und die wirtschaftlichen Nutzen und Wert besitzen, z. B. Wasser, Holz, Wind und Erdöl.

SCHATTENWIRTSCHAFT Der Teil der Wirtschaft, der nicht im gesetzlichen Rahmen abläuft, z. B. der Verkauf illegaler Drogen oder gefälschter Waren. Sie wird auch oft als Schwarzmarkt bezeichnet.

SCHULDNER Eine Person oder ein Unternehmen, das einem Gläubiger Geld schuldet.

SCHWELLENLÄNDER Als Schwellenländer bezeichnet man ehemalige Entwicklungsländer, die wirtschaftlich stark aufgeholt haben. Dazu zählen beispielsweise Mexiko und Brasilien.

SPAREN Geld für zukünftige Anschaffungen zurücklegen.

SPEKULATION Geschäfte durch Wetten auf den zukünftigen Preis eines Vermögenswerts.

SOZIALISMUS Eine politische Theorie, die fordert, dass die Industrie dem Staat gehören soll, damit alle Menschen gesellschaftlich und wirtschaftlich gleich behandelt werden.

STAGNATION Der gleichbleibende Zustand einer Volkswirtschaft, ohne Wachstum und ohne Schrumpfung.

STEUERN Geld, das Regierungen zwangsweise einziehen, u. a. vom Einkommen, von Einkäufen und von Haus- und Grundstückseigentum.

TAUSCHHANDEL Der Austausch von Waren und Dienstleistungen ohne den Gebrauch von Geld.

TERMINHANDEL Eine Art von Derivativ: Man schließt Verträge über den Verkauf von Vermögenswerten zu einem späteren Termin, aber zu gegenwärtigen Preisen.

TRANSAKTIONSKOSTEN Die Kosten, die anfallen, wenn Eigentum übertragen wird, also z. B. bei Käufen und Verkäufen.

VERMÖGENSWERT Etwas Wertvolles, das einer Person oder einem Unternehmen gehört und mit dem sich Wert erzeugen lässt. Beispiele: Aktien, Grundstücke und Gebäude.

VERSICHERUNG Unternehmen, die ihren Kunden mögliche Schäden (z. B. durch Diebstahl oder Feuer) bezahlen. Dafür müssen die Kunden

Der venezolanische Präsident Hugo Chavez verstaatlichte wichtige Industriezweige wie Elektrizität, Öl und Stahl.

monatlich kleine Beiträge einzahlen. So können sich die Menschen vor hohen Risiken schützen.

VERSTAATLICHUNG Die zwangsweise Übernahme von Privatunternehmen durch die Regierung.

VERTEILUNG (DISTRIBUTION) Der Transport der Produkte von den Herstellern zu den Läden und Verbrauchern.

VERZUG Eine Verzögerung bei der Zurückzahlung von Schulden.

VORRAT Die Menge eines Produkts, die ein Verkäufer auf Lager hat.

In einem Windpark wird Windkraft in Energie umgewandelt.

Ein Poster von 1948 verherrlicht den Sozialismus in Bulgarien.

WÄHRUNG Die Art von Geld, die in einem Land oder einer Gruppe von Ländern verwendet wird. Der Dollar ist die Währung der USA, der Euro ist die Währung in 16 europäischen Ländern und das Pfund Sterling gilt in Großbritannien.

WECHSELKURS Der Preis einer Währung im Vergleich mit einer anderen.

WELTBANK Eine internationale Organisation, die finanzielle Hilfe für Entwicklungsländer anbietet.

WELTHANDELSORGANISATION (WTO) Eine internationale Organisation, die Regeln für den Welthandel aufstellt und überwacht.

WETTBEWERB Eine Situation, in der mindestens zwei Unternehmen um Kunden konkurrieren. Dadurch werden sie dazu angeregt, möglichst gute Verkaufsbedingungen zu bieten.

WIRTSCHAFT Das System der Herstellung, Verteilung und des Verbrauchs der Güter in einer Gesellschaft.

WIRTSCHAFTSWISSENSCHAFT (ÖKONOMIE) Die Wissenschaft von der Erarbeitung und Verteilung des Wohlstands in einer Gesellschaft.

WIRTSCHAFTLICHKEIT Die möglichst wirkungsvolle Nutzung begrenzter Mittel (Zeit, Geld usw.).

ZAHLUNGSFÄHIGKEIT Die Fähigkeit, Schulden zu bezahlen.

ZAHLUNGSUNFÄHIGKEIT Kann der Staat, ein Mensch oder ein Unternehmen seine Schulden nicht mehr bezahlen, wird er laut Gesetz für zahlungsunfähig erklärt.

ZENTRALBANK Die Organisation, die die Geldmenge und den Geldumlauf in einem Land reguliert.

ZINSEN Gebühren (meist ein Prozentanteil der Leihsumme), die von Schuldnern an Gläubiger bezahlt werden.

ZOLL Eine Steuer auf Waren, die von einem Land in ein anderes eingeführt werden.

Arbeitslose Männer zur Zeit der Weltwirtschaftskrise vor einer Suppenküche

Besuche doch mal …

GELDMUSEUM DER DEUTSCHEN BUNDESBANK (FRANKFURT AM MAIN) Neben Ausstellungen von Münzen und Gold gibt es Filme und Computerspiele rund um das Thema Geld, z. B. darüber, wie Geld hergestellt wird. Außerdem erfährst du alles über die Aufgaben einer nationalen Zentralbank.

MUSEUM DER ÖSTERREICHISCHEN NATIONALBANK (WIEN) In diesem Museum ist u. a. die größte Goldmünze Europas ausgestellt.

FINANZDISTRIKT IN NEW YORK Einige Unternehmen, z. B. OnBoard Tours, bieten Führungen durch die *Wall Street* und Umgebung an (in englischer Sprache). (Siehe www.newyorkpartyshuttle.com)

FEDERAL RESERVE BANK OF NEW YORK 15 m unter dem Meeresspiegel lagern die größten Goldvorräte der Welt im Wert von vielen Milliarden Dollar. Mit Voranmeldung.

TSUKIJI FISCHMARKT (TOKIO) Auf dem größten Fischmarkt der Welt wird wie verrückt verkauft und versteigert. Die tägliche Thunfischauktion findet morgens zwischen 5.00 Uhr und 6.15 Uhr statt.

CHRISTIE'S (BERLIN, WIEN, ZÜRICH USW.) Christie's ist eines der berühmtesten Auktionshäuser der Welt mit Niederlassungen in 31 Ländern. Die Zentrale ist in London.

INTERNETADRESSEN

• Was ist Wirtschaft?
www.hanisauland.de/lexikon/w/wirtschaft.html

• Wann geht es der Wirtschaft gut?
www.tivi.de/fernsehen/logo/artikel/02557/index.html

• Informiere dich über die Globalisierung.
www.medienwerkstatt-online.de/lws_wissen/vorlagen/showcard.php?id=15234&edit=0

• Hier findest du einen Comic über Inflation.
www.hanisauland.de/flash/comic/12

• Erfahre alles über unsere Währung: der Euro.
www.eiz-niedersachsen.de/783.html

• Die Webseiten der Schweizerischen Münze (Swissmint) erlauben einen Blick hinter die Kulissen der Herstellung von Münzen.
www.swissmint.ch/de-themen-muenzenherstellung-geldfabrik.html

Register

A B

Aktien 30, 34–35, 36, 40, 66
Aktienmärkte 22, 34–35, 36, 40, 65
Aktionäre 30, 34
Anleihen 34–35
Arbeit, unbezahlte 45
Arbeiter 16–17, 32–33, 55, 63
Arbeitslosigkeit 38, 41, 44, 52–53
Arbeitsteilung 16–17
Armeen 42
Armut 56–59, 63
Aufsichtsrat 30, 34
Banken 24–25, 26, 37, 40–41, 48, 58–59, 64, 66
Bankkarten 21
Bankrott 24, 39, 41
Bären 35
Bauprojekte 27, 33, 43, 53
beschränkte Haftung 30
Bevölkerung 60–61
Bildung 42, 44, 45, 57, 62
Boom 38–39
Börsen 28, 34–35, 38, 39
British East India Company 30
Brücken 27, 43, 53
Bruttoinlandsglück 45
Bruttoinlandsprodukt (BIP) 44–45, 64
Buchmacher 37
Bullen 34

C D

Callcenter 53
Capone, Al „Scarface" 50
Christie's 71
Coca-Cola 31, 65
Computer 55, 65
Container 6–7
DAX 35

Deflation 48
demografischer Wandel 61
Demokratie 11
Depression 38–39, 67
Deutschland 43, 49, 67
Dienstleistungen 7, 50
Diktaturen 11
Dividenden 34
Domesday Book 44–45
Dotcom-Crash 39, 67
Dow Jones Index 35
Drogen, illegale 51

E F

Eigentum 14–15
Einkommen, pro Kopf 65
Einkommensteuer 46, 50, 66
Einwanderung 53
Elektrizität 43, 61
Emission 34
Entscheidungen 6, 8, 12–13
Entwicklungshilfe 58–59
Entwicklungsindex (HDI) 45
Erdöl 19, 49, 61, 67
Erfindungen 15, 17, 38
Ersparnisse 26–27, 40, 48, 62
Euro 29
Europäische Union 19, 29, 67
Exporte 18, 58, 65
Fairer Handel 59
Feilschen 23
Fiatgeld 21, 64
Fließband 17
Ford Motor Company 17, 67
freie Marktwirtschaft 10–11

G

Gebäudeeigentum 14, 27, 36–37, 46
Geld 20–21, 66
Geldmuseum der Deutschen Bundesbank 71
Geldverleiher 24
Gehälter/Löhne 32–33
gemischte Wirtschaftsform 10–11

General Motors 31
Gewerkschaften 32–33
Gewinne 26–27, 30–31, 36, 42
Gewürzhandel 18
Gleichheit/Ungleichheit 9, 33, 56
Globalisierung 54–55, 64–65
Glücksspiel 37, 45, 47, 51
Gold 36, 66
Goldrausch 36
Goldstandard 21
Google 31, 65
Grundeigentum 14–15, 33

H I

Handel 7, 18–19, 54–55, 59, 65
Handelsblöcke 19
Häuser 14, 27, 36, 40, 46–47, 48
Hochs und Tiefs 38–39
Hollywood 18
Hyperinflation 49
Hypotheken 40–41
Importe 28, 58, 59
Indien 28, 30, 52, 53, 64, 67
Indonesien 11, 56
Inflation 44, 48–49
Infrastruktur 43, 53, 58
Internationaler Währungsfonds (IWF) 54, 67
Internet 18, 22–23, 31, 39, 55, 65, 67
Investitionen 25, 26–27, 30
Irak 8, 24, 63
Island 41

J K L

Jäger und Sammler 12–13, 14, 56
Japan 27, 30, 37, 39, 43, 45, 51, 53, 63, 64, 65, 66, 67
Kapital 35
Kinderarbeit 63
Klimawandel 61
Kommunismus 11, 14, 67
Kopfsteuer 47

Kredite 24–25, 34, 40–41, 59
Kreditkrise 40–41, 67
Kriege 35, 39, 42, 46
Landwirtschaft 7, 12, 16, 33, 56, 59, 60, 66
Lehman Brothers 41
London 28, 34, 36, 52
Luxusgüter 47, 67

M N

Mafia 50,51
Malaysia 22, 23, 29, 59
Märkte 22–23, 28, 36
Marx, Karl 46, 70
McDonald's 63, 65
Medici-Familie 24
medizinische Versorgung 9, 13, 42
Mehrwertsteuer 46
Mesopotamien 6, 16, 20, 66
Metallverarbeitung 16
Mikrokredite 58
Milliardäre 64, 65
Mobiltelefone 59, 65, 67
Monaco 47
Monopole 22
multinationale Konzerne 31, 54
Münzen 20, 27, 28, 66
Museum der Österreichischen Nationalbank 71
Nahrungsmittel 12–13, 42, 55, 59, 66
NASDAQ-Index 35
New York 25, 28, 38, 53
Nike 25
Non-Profit-Organisationen 30

O P Q

Opel 31
Pachinko 51
Papiergeld 20–21, 66
Partido-System 25
Pensionen 42, 48,
Pferderennen 36, 37
Piraterie 50
Planwirtschaft 10–11

Preise 22–23, 48–49
Primärmärkte 35
Produktion 7, 16–17, 26–27, 66
progressive Steuern 46
Prohibition 50

R S

Regierungen 8, 22, 27, 38, 42–43, 44, 45, 62
Anleihen 34–35
Kreditkrise 40–41
Steuern 9, 46–47
regressive Steuern 47
Reichtum 8, 17, 56–57, 64–65
Reis 28, 54
Renten, Ruhestand 26–27, 40, 42, 61
Rezession 38–39, 67
Roboter 26, 39
Rom, altes 14, 32, 66
Rupien, indische 28
Russland 48, 50, 67
Schattenwirtschaft 45, 50–51
Schekel 20
Schiffe 6–7, 18–19, 39
Schmuggel 50–51
Schulden 59
Schwarzmarkt 29
Sekundärmärkte 35
Silicon Valley 55
Simbabwe 49
Sklaverei 14, 32, 60
Smith, Adam 10, 16, 66
Spekulanten 34
Spekulation 36–37, 39
Spezialisierung 13, 16–17, 18
Stagnation 45
Steuerparadiese 47
Steuern 9, 46–47, 50–51, 61, 62, 66
Südseeblase 36

T

Tauschhandel 18–19, 20
Telefone 38, 59, 67
Tempel 24, 30

Textilien 52
Textilindustrie 52, 55
Thunfisch 15
Tigerstaaten 39
Tourismus 7
Tulpenmanie 23, 66

U V W

Überalterung der Gesellschaft 61
Umweltverschmutzung 60–61
Unternehmen 30–31, 34, 65
USA 25, 27, 31, 32, 53, 55, 59, 64, 65, 66–67
US-Dollar 28–29
US-Notenbank 48
Vereinte Nationen (UN) 45
Verkehr 6–7, 18, 19, 27, 52, 54, 55, 57, 61, 66
Vermögenswerte 26
Versicherungen 37
Verstaatlichung 41, 43
Versteigerungen 22, 23
Viehhalter 13
Währungen 28–29, 66–67
Wall Street 25, 38, 67
Walt Disney Company 27
Warengeld 20
Wasser 58–59, 61, 62, 63
Wechselkurse 28–29
Wechselstuben 29
Weltbank 56, 59
Welthandelsorganisation (WTO) 54, 55, 59, 65
Weltwirtschaftskrise 38, 67
Wetten 36–37

X Y Z

Yakuza 51
Zinsen 24, 25, 34, 66
Zölle 18–19, 65
Zukunftsplanung 9, 26, 60–61, 62
Zünfte 32

Dank und Bildnachweis

Dorling Kindersley dankt folgenden Personen:
Steve Setford für das Register; Jackie Brind für das Register; Sue Nicholson und Jo Little für das Poster; sowie Camilla Hallinan und Dawn Henderson für ihre Beratung.

Der Verlag dankt folgenden Institutionen und Personen für die freundliche Genehmigung zum Abdruck von Fotos:

(o = oben; u = unten; m = Mitte; l = links; r = rechts; go = ganz oben)

akg-images: 49gol; Alamy Images: Frank Chmura 9gol; Corbis Super RF 31u; Eagle Visions Photography/Craig Lovell 9ml; Mary Evans Picture Library 68ur; Jason Friend 17gor; David Gowans 44gol (Plane); Peter Horree 15gor; KPZ Foto 21gor; Martyn Vickery 30mr; Mit freundlicher Genehmigung von Apple. Apple und das Apple-Logo sind Warenzeichen von Apple Computer Inc., eingetragen in USA und anderen Ländern: 4mlo, 6gor; Kunstarchiv: Musée du Louvre, Paris/Dagli Orti 16ml; Dagli Orti 68m; Privatsammlung/Marc Charmet 71gol; Tate Gallery, London/Eileen Tweedy 36ul; The Bridgeman Art Library: Sammlung der New-York Historical Society 2m, 32gor; Delaware Art Museum, Wilmington 38gol; Dreamtime Gallery, London 13ur; Privatsammlung 67mlu; The Trustees of the British Museum: 2mr, 20ur; Corbis: Craig Aurness 19u; Richard Baker 41ul, 47gol; Bettmann 10gol, 46mr, 50mr, 53gor, 71m; Car Culture 31mlo; Condé Nast Archive 42gol; Keith Dannemiller 33um; C. Devan 33mr; DPA/Tim Brakemeier 11gol; Tom Owen Edmunds 45gol; EPA/David Coll Blanco 45m; EPA/Hotli Simanjuntak 11m; EPA/STR 51gor; EPA/Yonhap 39mr; Eurasia Press/Steven Vidler 22u, 42mr; Free Agents Limited/Dallas und John Heaton 11gor; Michael Freeman 44u; The Gallery Collection 34ml; Porter Gifford 40u; Godong/Pascal Deloche 37gol; Klaus Hackenberg 27gol; Historical Picture Archive 23gom; Andrew Holbrooke 55mro; Angelo Hornak 30ul; Image Source 15um; JAI/Gavin Hellier 51ur; JAI/Walter Bibikow 10u; Wolfgang Kaehler 54ul; Bob Krist 47gol; Frans Lanting 31gom; Gideon Mendel 26u, 58-59um; Hans Peter Merten 47gor; Jean Miele 35go; Gianni Dagli Orti 6ml, 66ml; PoodlesRock 66gor; Ryan Pyle 33gol; Redlink 60ml; Reuters/Alexander Natruskin 48ur; Reuters/Brendan McDermid 40gor; Reuters/Jagadeesh 53gol; Reuters/Jo Yong-Hak 51ml; Reuters/Marcos Brindicci 70mr; Reuters/Yuriko Nakao 27ur; Gretr Schuster 26gor; David Selman 59ml; Star Ledger/Mark Dye 52-53u; Rudy Sulgan 69ur; Sygma/Paulo Fridman 56-57m; Murat Taner 6-7u; William Taufic 7gol; Liba Taylor 45gor; TWPhoto 53ml; Visions of America/Joseph Sohm 42ul, 48ml, 70-71u; Mark Weiss 21gol; Westend 61/Fotofeeling 43gol; Xinhua Press/Guo Lei 41gom; Zefa/Matthias Kulka 29m; Zefa/Ursula Klawitter 62um; Dorling Kindersley: Mit frdl. Genehmigung des American Museum of Natural History/Lynton Gardiner 2gol, 13m; The British Museum, London/Chas Howson 20um, 20gor, 21ur; The British Museum, London/Tina Chambers 66um; Confederate Memorial Hall, New Orleans/Dave King 46m (Mütze); Mit frdl. Genehmigung des Gettysburg National Military Park, PA/Dave King 46mu (Gewehr); Judith Miller/Huxtins 39gor; Mit frdl. Genehmigung des Museum of London 4mlu, 12gol (Rinde & Beeren); Mit frdl. Genehmigung des Pitt Rivers Museum, University of Oxford/Dave King 20mu; Mit frdl. Genehmigung der Royal Geographical Society, London 32gol; Mit frdl. Genehmigung des US Army Heritage and Education Center - Military History Institute/Dave King 46mlu (Jacke); Getty Images: AFP/Ahmad Al-Rubaye 8ml, 63gor; AFP/Alexander Joe 49u; AFP/Dominique Faget 41ur; AFP/Fabrice Coffrini 55gom; AFP/Hoang Dinh Nam 33gor; AFP/Issouf Sanogo 54ml; AFP/Jeff Haynes 35mr; AFP/Jimin Lai 37gor; AFP/Jung Yeon-Je 28-29um; AFP/Michael Latz 32ur; AFP/Roberto Schmidt 19gor; AFP/Roslan Rahman 29ur; AFP/Shah Marai 29gor; AFP/Torsten Blackwood 9ur; AFP/Uwe Meinhold 70gom; Asia Images/Marcus Mok 5, 27mlo; Asia Images/ Rex Butcher 25u; Blend Images/Stewart und Pam Ostrow 61mru; Blue Jean Images 9mro; The Bridgeman Art Library 18mru, 18gor, 24ul; Paula Bronstein 63mr; China Photos 14ul; Digital Vision/Jorg Greuel 65mr; Digital Vision/Lauren Nicole 4ur, 61gor; Evening Standard 49gor; FPG/Hulton Archive 38-39u; Christopher Furlong 23mr, 57gor; Gallo Images/Andrew Bannister 12-13um; Glowimages 6gol; Hulton Archive 17u; Iconica/Grant V. Faint 18mlu; The Image Bank/Barros & Barros 57ur; The Image Bank/Mitchell Kanashkevich 45mr; Mike Kemp 62ml; Alex Livesey 37u; Lonely Planet Images/Jane Sweeney 24gol; Peter Macdiarmid 41mr; National Geographic/Richard Nowitz 4mru, 29gol; PhotoAlto Agency/Isabelle Rozenbaum und Frederic Cirou 69gol; Photodisc/Peter Adams 13gor; Photographer's Choice/Andrew Paterson 1, 27gol; Photographer's Choice/Ariel Skelley 41gol; Photographer's Choice/Burazin 44gol (Hintergrund); Photographer's Choice/C Squared Studios 59go; Photographer's Choice/Fabian Gonzales 11um; Photographer's Choice/Frank Lukasseck 60-61m; Photographer's Choice/Gavin Hellier 62-63m; Photographer's Choice/Gregor Schuster 23ur; Photographer's Choice/John Lamb 8r; Photographer's Choice/Nacivet 7gor; Photographer's Choice/Sam Armstrong 46gol; Photographer's Choice/Still Images 58gol; Photographer's Choice/Tim Hawley 65u; Photonica/Phillip Simpson 8ul; Photonica/Steven Puetzer 68gom; Steven Puetzer 3m, 34-35u; Riser/Barry Wong 22gol; Sebun Photo/R. Creation 43u; StockFood Creative 59mr; Stone/Frans Lemmens 47u; Stone/James Worrell 47mr; Stone/Joseph Van Os 9ur; Stone/Peter Adams 4ul, 23gol; Taxi/Vikki Hart 26gol; Time Life Pictures/Victor Englebert 13gol; Topical Press Agency 52ml; Ian Waldie 61mro; aus Adam Smith An Inquiry into the Nature and Causes of the Wealth of Nations, 1764: 16mru; Govind Mittal: 17mlu; iStockphoto.com: 2ul, 2ul (Jerry Can), 19gol, 21ml, 48gor (Jerry Can); Pawel Bartkowski 63ur; Dawn Liljenquist 16mru; Max Popov 2mo, 23mo; Ivan Stevanovic 56ml; Kongressbibliothek, Washington, D.C.: 35ml, 50ml; Martin Wilson: 52gol; Museum der Belgischen Nationalbank, Brüssel: 24ml; Panos Pictures: G.M.B. Akash 58mlu; Photolibrary: AGE Fotostock/Jose Fuste Raga 30ml; AGE Fotostock/Morales 14r; Photononstop/Nicholas Thibaut 23gor; Press Association Images: AP Photo/Karel Navarro 15mlu; Department of Justice 51gol; Rex Features: 50-51um; Richard Gardner 45ur; SanDisk Corporation: 55mru; Scripophily.com - The Gift of History: 34gor; Shutterstock: 64-65 (Hintergrund), 66-67 (Hintergrund), 68-69 (Hintergrund), 70-71 (Hintergrund); Still Pictures: Joerg Boethling 54-55mu; Transit/Christiane Eisler 7mr.

Poster: Alamy Images: Corbis Super RF (Aufsichtsratsitzung); Corbis: Bettmann (Adam Smith), (Karl Marx); Eurasia Press/Steven Vidler (Markt); Gideon Mendel (Industrieroboter); Reuters/Jagadeesh (Callcenter); David Selman (Kaffeebohnen); Murat Taner (Containerschiff); Dorling Kindersley: The British Museum, London/Chas Howson (Lydische Münzen); Mit frdl. Genehmigung des Museum of London (Rinde und Beeren); Getty Images: Asia Images/Rex Butcher (Banken in Hongkong); Blend Images/Stewart Cohen und Pam Ostrow (Mann im Rollstuhl); Digital Vision/Lauren Nicole (Zapfpistole); FPG/Hulton Archive (Wirtschaftskrise); Photodisc/Steven Puetzer (Bulle & Bär); Stone/James Worrell (Diamantringe); iStockphoto.com: (Bankkarten); Photolibrary: Photononstop/Nicolas Thibaut (Kamelhändler).

Cover: Vorn: Corbis: Reuters / Lee Jae-Won um; Zefa / Josh Westrich mo. Dorling Kindersley: Natural History Museum gor. **Hinten:** Corbis: Atlantide Phototravel u; Lester Lefkowitz gol; Alan Schein Photography gor.

Alle anderen Bilder © Dorling Kindersley

Weitere Informationen unter: www.dkimages.com

Weitere Themen in dieser Reihe:
(Bandnummer in Klammern)

Das alte Ägypten (8)

Das alte Griechenland (21)

Das alte Rom (38)

Autos (25)

Azteken, Inka & Maya (28)

Bedrohte Tiere (5)

Burgen (24)

Christentum (34)

Demokratie (30)

Dinosaurier (1)

Eisenbahnen (19)

Die ersten Menschen (26)

Evolution (50)

Fische (13)

Flugmaschinen (41)

Fossilien (47)

Gesteine & Mineralien (17)

Große Entdecker (12)

Große Musiker (42)

Große Wissenschaftler (33)

Haie (10)

Hunde (39)

Indianer (18)

Insekten (35)

Katzen (23)

Klimawandel (11)

Kriminalistik (44)

Der Mensch (2)

Musikinstrumente (14)

Mythologie (31)

Naturwissenschaften (7)

Ozeane (32)

Pferde (43)

Pflanzen (48)

Piraten (36)

Regenwald (20)

Ritter (16)

Säugetiere (45)

Schätze (6)

Spione (9)

Städte (3)

Teiche & Flüsse (27)

Titanic (22)

Vögel (29)

Vulkane (37)

Wasser (40)

Weltall (15)

Wetter (46)

Wikinger (49)

Wirtschaft (4)